教育部人文社会科学研究青年基金项目(17YJC890014)资助

国际体力活动研究前沿与演进

GUOJI TILI HUODONG YANJIU QIANYAN YU YANJIN

李 元　李红欣　张玮壮　等编著

图书在版编目(CIP)数据

国际体力活动研究前沿与演进/李元等编著. —武汉:中国地质大学出版社,2024.4
ISBN 978-7-5625-5823-1

Ⅰ.①国… Ⅱ.①李… Ⅲ.①健身运动-研究-世界 Ⅳ.①G883

中国国家版本馆 CIP 数据核字(2024)第 069604 号

国际体力活动研究前沿与演进			李 元 李红欣 张玮壮 等编著
责任编辑:李焕杰 韦有福		选题策划:韦有福	责任校对:张咏梅
出版发行:中国地质大学出版社(武汉市洪山区鲁磨路 388 号)			邮编:430074
电 话:(027)67883511		传 真:(027)67883580	E-mail:cbb@cug.edu.cn
经 销:全国新华书店			http://cugp.cug.edu.cn
开本:787 毫米×1092 毫米 1/16		字数:231 千字	印张:9.25
版次:2024 年 4 月第 1 版		印次:2024 年 4 月第 1 次印刷	
印刷:湖北睿智印务有限公司			
ISBN 978-7-5625-5823-1			定价:48.00 元

如有印装质量问题请与印刷厂联系调换

前　言

随着人类社会与经济的发展,社会自动化和机械化程度越来越高,体力活动不足已经成为一个全球性的公众健康问题,对人类健康产生了极大危害,被世界卫生组织确定为21世纪全球最大的公共卫生问题。我国作为发展中国家,体力活动不足发生率持续上升趋势虽然晚于发达国家,但随着近30多年社会经济的高速发展,城市现代化水平和工业化程度不断提升,公众体力活动不足率的增势更加迅猛。

体力活动研究在全球范围内已经过一个多世纪的发展,科学研究成果极其丰富。本书秉承"学习与借鉴"的出发点,以 Web of Science 的核心数据库 SCIE、SSCI 和 A&HCI 中 1981 年至今收录的 37 000 多篇包括"体力活动"为主题的研究文献为样本,从科学计量学角度对国际体力活动研究进行回顾与总结,探索国际体力活动研究的前沿热点,并运用当前世界上较为先进的知识可视化方法展示国际体力活动研究的全貌。本书选题较为新颖,对国内学者了解国际体力活动研究的前沿问题、把握国际体力活动研究的动向和促进我国体力活动理论研究与实践发展,都有着重要意义。

同时,当前科学知识图谱和知识可视化领域的迅猛发展,成为一种有效获取知识、发现知识和探测知识前沿的新手段。知识图谱能够将抽象信息形象地展现出来,可谓"一图胜万言"。知识图谱不仅创新了科技情报分析的模式,而且改变了人们观察世界的方式。笔者运用科学计量学和知识图谱方法对国际体力活动的研究热点与理论演进进行分析,突破了以往的纯文字表达,运用概念地图代替自然语言表述知识,描绘出一幅清晰详细的国际体力活动研究的历史画卷。鉴于科学计量学研究方法对大数据的依赖性以及解读知识图谱的正确性,本书突破的重点主要包括:①揭示国际体力活动研究的主要力量(国家、机构、科学家)以及合作网络,为国内科技工作者开展国际合作提供参考;②揭示不同时期国际体力活动研究热点以及研究热点随时间演进的特征,开拓科技工作者的科研视野、把握国际体力活动研究的发展趋势;③发掘国际体力活动研究的"知识拐点"基础文献,展示该领域知识流动和理论演进的动力。

全书共分为7个章节。第1章主要介绍体力活动的研究背景与意义、国内外研究现状、研究目标、主要研究内容和研究方法等,让读者对本书有大致的了解;第2章主要对本书研究的可视化呈现方式——知识图谱进行了溯源与使用简介,让读者对知识图谱有清晰的概念;第3章从时间和空间角度梳理了国际体力活动的发展脉络,加深了读者对国际体力活动发展进程的认识;第4章至第6章分析了国际体力活动的合作网络、热点前沿和知识结构及其演化过程,归纳总结出国际体力活动领域的合作特征、多学科属性、研究热点以及时间演进特征;第 7 章应用科学计量学与知识图谱方法对国内体力活动研究的现状进行分析,并提出国内体力活动研究的对策与建议,使读者可以了解国内体力活动的未来发展方向。

全书分工如下:第 1 章由李元和陈睿智编写,第 2 章由常洪标和吴思阳编写,第 3 章节由刘圣和李汉萍编写,第 4 章由崔倩如和龚小芹编写,第 5 章由张玮壮和赵剑波编写,第 6 章由李红欣和沙云波编写,第 7 章由杨海丽、李永恩和葛子曦编写。全书由李元统稿、审阅和核查并进行数据分析工作,李红欣进行文字编排工作,张玮壮进行图表润色和数据分析工作。

本书在编写过程中参考引用了大量相关书籍、期刊文献、网站等的资料,主要部分已经列入了本书的参考文献目录,其他文献由于篇幅所限未能详细列出。笔者在此对本书参考引用到的所列和未列出的相关资料的作者表示衷心的感谢,对他们的辛勤劳动成果表示敬意!

由于笔者水平有限,书中难免存在错漏或不足之处,敬请各位读者不吝指正!

李 元

2024 年 4 月

目 录

第1章 绪 论 ·· (1)
  1.1 研究背景与意义 ··· (1)
  1.2 国内外研究现状 ··· (2)
    1.2.1 国内研究现状 ·· (2)
    1.2.2 国外研究现状 ·· (3)
    1.2.3 国内外研究趋势 ··· (3)
  1.3 研究目标 ··· (4)
  1.4 主要研究内容 ··· (4)
  1.5 拟突破的重点和难点 ·· (5)
  1.6 创新点 ·· (6)
  1.7 研究方法 ··· (7)

第2章 知识图谱基本理论与数据来源 ··· (8)
  2.1 科学计量学 ·· (8)
  2.2 知识图谱的概念及其发展历程 ·· (10)
    2.2.1 知识图谱的概念 ··· (10)
    2.2.2 知识图谱的发展历程 ··· (10)
  2.3 知识图谱的绘制方法与常用软件 ·· (12)
    2.3.1 知识图谱的绘制方法 ··· (12)
    2.3.2 知识图谱绘制的常用软件 ··· (15)
  2.4 数据来源 ··· (19)
    2.4.1 检索策略 ·· (19)
    2.4.2 数据结构 ·· (20)

第3章 国际体力活动研究的历史脉络 ·· (22)
  3.1 国际体力活动研究的历史阶段划分 ··· (22)
    3.1.1 国际体力活动研究的时间分布 ··· (22)
    3.1.2 国际体力活动研究的阶段划分 ··· (24)
  3.2 国际体力活动研究的空间分布 ··· (25)
    3.2.1 国际体力活动研究的国家(地区)分布 ································ (25)

3.2.2　国际体力活动研究的机构分布 ……………………………………………（28）
　　3.2.3　国际体力活动研究的作者分布 ……………………………………………（30）
　　3.2.4　国际体力活动研究的来源出版物分布 ……………………………………（34）
　　3.2.5　国际体力活动研究的学科分布 ……………………………………………（36）

第4章　国际体力活动研究的合作网络与演进 ……………………………………（40）

4.1　国际体力活动研究科研合作的总体状况分析 ………………………………（40）
　　4.1.1　国际体力活动研究文献的合著率与合著强度分析 ………………………（40）
　　4.1.2　国际体力活动研究科研生产模式的演变趋势 ……………………………（41）

4.2　国际体力活动研究国家(地区)间合作网络的结构及演进特征 ……………（42）
　　4.2.1　国家(地区)间合作网络的静态结构特征 …………………………………（42）
　　4.2.2　国家(地区)间合作网络的动态结构及演进特征 …………………………（44）

4.3　国际体力活动研究机构间合作网络的结构及演进特征 ……………………（45）
　　4.3.1　研究机构间合作网络的静态结构特征 ……………………………………（45）
　　4.3.2　研究机构间合作网络的动态结构及演进特征 ……………………………（47）

4.4　国际体力活动研究作者合作网络的结构及演进特征 ………………………（49）
　　4.4.1　作者间合作网络的静态结构特征 …………………………………………（49）
　　4.4.2　作者间合作网络的动态结构及演进特征 …………………………………（52）

第5章　国际体力活动研究的热点前沿与演进 ……………………………………（54）

5.1　国际体力活动研究的重点内容——词频分析视角 …………………………（54）
　　5.1.1　国际体力活动研究重点的静态分析 ………………………………………（54）
　　5.1.2　国际体力活动研究重点的演进 ……………………………………………（55）

5.2　国际体力活动研究的热点前沿及其演进轨迹——共词网络视角 …………（57）
　　5.2.1　国际体力活动研究的热点前沿分析(1981—1990年) ……………………（57）
　　5.2.2　国际体力活动研究的热点前沿分析(1991—2000年) ……………………（59）
　　5.2.3　国际体力活动研究的热点前沿分析(2001—2010年) ……………………（61）
　　5.2.4　国际体力活动研究的热点前沿分析(2011—2020年) ……………………（64）

第6章　国际体力活动研究的知识结构与演进 ……………………………………（68）

6.1　国际体力活动研究的知识结构与理论演进 …………………………………（68）
　　6.1.1　国际体力活动研究知识结构与理论演进(1981—1990年) ………………（69）
　　6.1.2　国际体力活动研究知识结构与理论演进(1991—2000年) ………………（76）
　　6.1.3　国际体力活动研究知识结构与理论演进(2001—2010年) ………………（83）
　　6.1.4　国际体力活动研究知识结构与理论演进(2011—2020年) ………………（89）

6.2　国际体力活动研究的知识结构与演进的特征 ………………………………（96）

第7章　我国体力活动研究的现状与展望 …………………………………………（100）

7.1　数据来源与检索方法 …………………………………………………………（100）
7.2　我国体力活动研究文献的分布 ………………………………………………（102）
　　7.2.1　学科分布 ……………………………………………………………………（102）

  7.2.2 期刊分布 …………………………………………………………… (106)
  7.2.3 基金分布 …………………………………………………………… (107)
 7.3 我国体力活动研究文献的主要力量 ……………………………………… (109)
  7.3.1 主要研究作者与合作网络 ………………………………………… (109)
  7.3.2 主要研究机构与合作网络 ………………………………………… (112)
 7.4 我国体力活动研究的热点-词频分析与共现网络 ……………………… (116)
  7.4.1 国内体力活动研究的重点之一——研究对象 …………………… (118)
  7.4.2 国内体力活动研究的重点之二——研究方法 …………………… (118)
  7.4.3 国内体力活动研究的重点之三——健康领域 …………………… (118)
  7.4.4 国内体力活动研究重点的演变 …………………………………… (120)
  7.4.5 国内体力活动研究的热点前沿及其演进轨迹 …………………… (123)
 7.5 我国体力活动研究的展望 ………………………………………………… (128)
主要参考文献 ……………………………………………………………………… (131)

第1章 绪 论

1.1 研究背景与意义

体力活动(physical activity,PA)是指任何由骨骼肌收缩引起的导致能量消耗的身体运动。随着人类社会与经济的发展,社会自动化和机械化程度越来越高,体力活动不足成为一个全球性的公众健康问题,对人类健康产生了极大危害,被世界卫生组织确定为21世纪全球最大的公共卫生问题。有关调查显示全球有60%~85%的成年人没有达到维持健康所需要的体力活动水平,每年约有530万人因运动不足而出现健康问题。我国作为发展中国家,体力活动不足的人数呈持续上升趋势,但随着近30多年社会经济的高速发展,城市现代化水平和工业化程度不断提升,公众体力活动不足发生率的增势更加迅猛。

由于体力活动对公众健康的意义重大,该研究领域引起了全球范围内众多研究者的高度重视。体力活动的研究历史可以追溯至20世纪初,研究成果丰硕,以Web of Science的核心数据库为文献检索来源,共检索到1903年至今收录163 000多篇以"physical activity"为主题的研究文献,为体力活动促进公众健康发展提供了有力支持。在科技高度发达的今天,大众体育的发展越来越依赖于厚实的科学研究基础和强大的科研成果转化与应用能力,这对体力活动的发展产生了促进作用。国内体力活动科学研究的深度与广度在近年来取得了快速发展,但与实际要求还有一定差距,难以对实际发展提供强有力的智力支持与学术保障。在全民健身上升为国家战略的今天,本研究以Web of Science核心数据库中的SCIE、SSCI和A&HCI级别期刊从1981年至今收录的37 000多篇包括"physical activity"为主题的研究文献为样本,从科学计量学角度对国际体力活动研究进行回顾与总结,探索国际体力活动研究的前沿热点,并运用当前国际上较为先进的知识可视化方法展示国际体力活动研究的全貌,对国内学者了解国际体力活动研究的前沿问题、把握国际体力活动研究的动向和促进我国体力活动理论研究与实践发展都有着重要意义。具体而言,本研究的理论和实际应用价值在于:

(1)以知识图谱的形式展现国际体力活动的研究热点与理论演进,有利于梳理体力活动研究的发展脉络,分析其产生和演进的社会背景、存在规律和支撑条件,有利于开拓国内体力活动研究领域科技工作者的科研视野、把握国际体力活动研究的发展趋势,最终促进国内体力活动理论与实践发展。

(2)着眼于国际体力活动研究热点与理论演进,全面展示国际体力活动研究的最新成果,为全民健身主管部门今后更加科学有序地开展研究工作提供有力参考；同时为政府及管理部门的工作决策提供思路，并为公众体力活动提供科学指导，对提升公众身体健康水平有着较大的意义。

（3）知识图谱利用可视化的图谱形象地展示研究领域的核心结构、发展历史、前沿领域以及整体知识架构达到多学科融合目的的现代理论，在当前的知识发现与创新中有着广泛运用。这种研究范式对于国内体力活动研究，有着积极的方法论指导意义。

1.2 国内外研究现状

Web of Science 作为世界上主要的引文数据库，目前收录了 446 000 多篇以"physical activity"为主题的文献，其中 SCIE、SSCI、A&HCI 等三大引文索引数据库中以"physical activity"为主题的文献达 163 000 多篇，而中国知网中的中国学术期刊网络出版总库中收录的以"体力活动"为主题的 CSSCI 来源期刊文献仅 400 余篇。

1.2.1 国内研究现状

从中国知网的核心期刊文献检索结果中可以看出，国内体力活动领域较高质量的研究成果出现于 20 世纪 90 年代，但文献数量缓慢增长；直到 2010 年左右，文献量才有了较大的增长。目前以"体力活动"为主题的 CSSCI 来源期刊文献年均增长数量保持在 40 篇左右。通过对这些文献的分析，国内体力活动研究主要包括了以下 5 个方面：①体力活动与身心健康关系的研究。国内对体力活动与健康之间剂量效应关系的探索贯穿了整个研究历程，主要研究成果包括了体力活动与心脑血管疾病、肥胖、糖尿病、骨质疏松症、阿尔茨海默病、癌症、抑郁症、儿童注意缺陷多动障碍、认知能力情绪等方面。②体力活动现状调查研究。调查研究主要有以下两类：一是对区域范围内国民体力活动现状的调查，主要是针对全国范围内的调查和特定省份或城市的调查；二是对特定人群的体力活动现状的调查，如城市老年人、国家公务员、大中小学生、高校教师等人群。③体力活动测量工具研究。在过去的 10 余年中，国内学者越来越多地关注体力活动的准确评估，主观与客观测量方法都有涉及，主要包括体力活动调查问卷的修订及信效度研究、体力活动测量工具的有效性研究（如加速度计、运动传感器、GPS 技术等）。④体力活动影响因素分析。根据社会生态理论，体力活动的影响因素可划分为个体因素、社会环境因素、建筑环境因素等。从目前研究成果来看，仅有少数研究对体力活动的所有影响因素及其相互关系进行了分析，大量研究成果集中在建成环境对体力活动影响的理论与实证研究方面。⑤体力活动促进研究。体力活动研究最终是为了设计和发展有效的干预方案，以提升公众的体力活动水平，建立健康的生活方式，这也是国内研究者们所追求的目标。但从目前来看，国内运动参与干预理论模型及相应的预防机制亟须探索与发展。

鉴于国际体力活动研究的蓬勃发展，国内也有少量文献对国际体力活动的研究进展与热点主题进行综述，目前综述主要集中在体力活动研究进展与趋势、体力活动与健康之间的剂量效应、建成环境与体力活动的关系、体力活动的测量方法等。这些综述性研究成果对于开拓科技工作者的科研视野、把握学科发展趋势起到了较大的推动作用。但截至目前国内还没有运用科学计量学方法对体力活动研究的前沿与热点问题进行系统研究的研究成果。

1.2.2 国外研究现状

国际上对于体力活动的研究有着悠久的历史。Web of Science 核心数据库中收录的以"physical activity"为主题的文献，最早可以追溯到 1903 年 *Annee Psychologique* 杂志刊载的一篇关于人类体力活动与脑重、智力之间关系的文章，至今以"physical activity"为主题的文献刊载在 10 000 余种期刊上，涉及 150 余门学科（其中文献量排序前 2 位是"公共环境与职业健康""体育科学"），约 199 500 位作者来自 200 多个国家（地区）的近 10 万个机构，文献的语种达 30 余种。

值得注意的是，国外运用科学计量学方法对体力活动进行分析的研究成果较为常见，主要包括以下 4 类：①追踪体力活动领域的研究前沿及未来发展趋势。如 Hallal(2007)通过 Medline 等数据库收录的巴西关于体力活动研究的文献，分析了巴西体力活动研究的趋势与演进特征；Radut(2011)通过 PubMed 数据库，总结了比利时体力活动与肥胖研究的热点与趋势；Rhodes(2011)通过 10 种期刊 889 篇文献的分析，总结了体力活动行为科学研究的趋势与变化等。②体力活动科研产出评价。如 John(2001)运用科学计量学方法对适用性体力活动领域中的研究者生产力进行了分析；Hallal(2010)、Vernaza-Pinzon(2011)分析了拉丁美洲地区在体力活动研究领域的科研产出；Sanz-Valero(2010)通过 PubMed 数据库中的 Medline 检索分析了巴西研究机构在体力活动研究中的科研产出。③体力活动领域科研成果传播效果与评价。如 Chau(2009)通过 Factiva 数据库分析了 1986—2006 年澳大利亚报纸中关于体力活动、肥胖与吸烟的文献，发现公众对其关注度不及肥胖与吸烟，认为体力活动促进面临较大挑战；Daugbjerg(2009)运用内容分析法对欧洲 49 项关于体力活动促进的国家政策进行了分析，总结了这些政策的优缺点。④体力活动领域研究综述。Ferez(2010)应用科学计量学方法讨论了体力活动与运动对艾滋病病毒感染者康复治疗的作用；Price(2011)分析美国多种畅销期刊与杂志 2006—2008 年发表的 42 753 篇关于体力活动与认知健康的文献，以期寻找体力活动与认知健康的确定关系；Gonçalves(2012)利用 Web of Science、Scopus 和 Sport Discus 三大数据库中的文献分析了体力活动与体象的联系。

1.2.3 国内外研究趋势

综上所述，国际上对于体力活动的关注，已有 100 多年的历史，其研究成果丰硕。这些研究成果为全球范围内多个国家在体力活动领域的发展上提供了强有力的理论指导与智力支持。目前体力活动领域正处在不断深化与拓展的阶段。在全民健身上升到国家战略的今天，国内非常有必要积极学习和借鉴国际先进的研究成果和实践经验，了解对国际体力活动研究领域中的前沿与热点进行持续追踪与关注，并有意识地在实践工作中加强对研究成果的转化与运用。并且，国际上已经广泛运用科学计量学方法对体力活动领域的研究前沿与理论演进进行了定量分析、科学评价；而在国内还是基本上通过大量阅读文献或国际合作和国际交流来了解世界科学前沿，这种基于主观认识做出经验判断的方法容易受到科学家主观认识和知识结构的限制。运用科学计量学与知识图谱方法可以全面客观地梳理国际体力活动领域的研究成果,揭示国际体力活动研究的发展现状与趋势,为国内体力活动领域的理论研究与实践发展提供借鉴。

1.3 研究目标

本研究以 Web of Science 核心数据库中的 SCIE、SSCI 和 A&HCI 级别期刊从1981年至今收录的 37 000 多篇包括"psysical activity"为主题的研究文献为样本,在运用国际领先可视化软件 Citespace 对样本文献进行科学计量分析的基础上,以知识图谱的形式展现国际体力活动的研究热点,并利用文献共被引分析全面展示体力活动领域中知识结构,通过知识图谱中"知识拐点"文献分析体力活动领域的知识流动与理论演进的发展脉络,并分析以上研究热点的产生和演进的社会背景、存在规律和支撑条件,从而开拓体力活动领域科技工作者的科研视野,把握体力活动研究的发展趋势,最终促进国内对体力活动理论研究与实践的发展。

具体而言,应用性目标主要有:①揭示国际体力活动研究的主体力量(国家、机构、科学家),为促进国内外科研高效合作提供参考;②揭示国际体力活动研究的热点,开拓国内研究者的科研视野,把握体力活动研究的发展趋势;③揭示国际体力活动的知识结构,提高国内体力活动理论研究的体系化和研究者视野的全局性;④揭示国际体力活动研究的"知识拐点"文献与理论发展脉络,并为国内研究者在浩如烟海的文献中发现最有价值参阅的研究成果提供参考;⑤探索国际体力活动研究热点产生和演进的社会背景,为研究者清晰认识当前国内体力活动发展阶段提供参照。学术性目标主要有:①探索具有"中国经验"的体力活动研究范本;②加强体力活动的理论建设与方法研究;③打造跨学科的学术研究平台,形成中国体力活动研究的特色领域。

1.4 主要研究内容

本研究的主要内容如下:

(1)国际体力活动研究的主要力量。经过一个多世纪的发展,体力活动领域在全球范围内已形成人数众多且较为稳定的学术共同体。通过对 Web of Science 核心合集等数据库收录的体力活动研究文献分析,了解体力活动研究文献的国家与机构分布的情况,以及该领域杰出科学家的研究成果,将有助于全面地了解国际体力活动研究的主体力量,评价国际体力活动科学研究产出的绩效。另外,将借助国际领先的科学计量软件 Citespace,结合文献资料法及作者共现分析、共被引分析、聚类分析等新兴科学计量学方法,绘制出体力活动领域国家之间、机构之间和研究者之间合作网络的知识图谱,归纳总结出国际体力活动领域的合作特征,有助于推动我国体力活动走向国际化,强化我国与国际体力活动研究领域的交流与合作。

(2)国际体力活动研究的多学科属性。体力活动研究在全球范围内蓬勃发展,其日益突出的综合价值彰显出体力活动是一个多学科交叉的综合研究领域。多学科研究在体力活动研究中占有重要的地位,各学科和专业的观点为研究者提供了了解体力活动理论和方法的基础。从多学科的认识方法和角度出发,体力活动研究者视野更加宽广。Web of Science 中文献都标有一个或多个所属学科类别（category）的信息，运用 Citespace 绘制出的体力活动研究学科共现网络图谱，可以更深刻地揭示体力活动研究的多学科属性。

（3）国际体力活动研究文献与知识点的动态分布特征。通过对 Web of Science 核心合集等数据库收录的不同年份体力活动研究文献数量的分析，了解体力活动研究随时间在量上的变化特征，从而表现出体力活动的历史发展阶段。此外，利用 Web of Science 中体力活动研究文献的关键词（包括"作者关键词"和"增补关键词"）的数量、总频次和词均频次来分析国际体力活动研究知识点的动态分布特征，揭示研究领域知识扩张的态势。

（4）国际体力活动研究的前沿与热点。文献计量学、信息计量学、科学计量学中对研究热点的识别，通常采用共引分析法、词频分析法和共词分析法3种研究方法（其中词频分析法已经应用于国际体力活动研究知识点的动态分布特征）。运用共引分析法和共词分析法，全面揭示国际体力活动研究中的热点及这些热点随时间演进的特征。

（5）国际体力活动研究的理论演进及其特征。在 Citespace 绘制的知识图谱中，往往用社会网络中的中介中心性来表征某一节点在网络中的重要性。中介中心性高的节点一般会被认为是提出重要新理论或重大理论创新的经典文献，往往被视为在领域知识发展过程中起到"知识拐点"作用，是推动研究发展的主要动力。运用 Citespace 绘制出国际体力活动研究的文献引文共被引网络知识图谱后，可以对图谱中的"知识拐点"文献进行分析，揭示国际体力活动研究的理论演进动力。同时，利用 Citespace 可以根据各聚类形成的时间顺序对知识结构演进的主要路径进行标注，展现出该领域知识结构演变的过程，进而揭示国际体力活动研究的演进特征。

（6）国内体力活动研究的现状及建议。在总结国际体力活动研究前沿与理论演进的基础上，利用科学计量学与知识图谱方法对国内体力活动研究的现状进行分析，并提出国内体力活动研究的对策与建议。

1.5 拟突破的重点和难点

本研究拟运用科学计量学和知识图谱方法对国际体力活动的研究热点与理论演进进行分析，依托于科学计量学研究方法对大数据的依赖性以解读知识图谱的正确性。本研究拟突破的重点主要包括：①揭示国际体力活动研究的主要力量（国家、机构、科学家）以及合作网络，为国内科技工作者开展国际合作提供参考；②揭示不同时期国际体力活动研究的热点以及热点随时间演进的特征，开拓科技工作者的科研视野，把握国际体力活动研究的发展趋势；③发掘国际体力活动研究的"知识拐点"基础文献，展示该领域知识流动和理论演进的动力。

本研究实施的主要难点在于：①体力活动研究权威文献的全面收集，保证研究过程的科学性与研究结论的准确性；②知识图谱绘制与正确解读。

本研究团队为突破以上难点问题制定了相应方案。首先，本研究的数据来自 ISI 的 Web of Science 中的 SCIE、SSCI 和 A&HCI 数据库，是目前世界上著名的数据库，囊括了当前世界上绝大多数最优秀的体力活动科学研究成果。其次，所使用的应用软件 Citespace 是共被引理论的发源地美国德雷赛尔大学陈超美博士开发的科学计量与可视化软件，能够在识别突现词和突现文献的基础上进行施引文献聚类,准确快速地辨识和探测研究前沿及其随时间的变化趋势,以及研究前沿与知识基础之间的关系。它的独特优势之一就是用中心性来表征可视化图谱中重要的节点,中心性高的文献就是该研究领域的"知识拐点"文献。通过分析这些拐点文献,就能辨识出研究前沿的理论演进路径。另外,它能够通过频次增长检测算法探测某知识领域的研究前沿,并预测其发展趋势。通过该算法考察知识单元(关键词、引文等)被引频次的时间分布,将那些频次变化率高、频次增长速度快的"突现词"或"突现文献"检测出来,利用词频的变动趋势,来分析科学领域的前沿热点和发展趋势。Citespace 软件广泛运用于国内外诸多学科领域,研究成果得到广泛关注。自 2004 年开发以来,Citespace 引起了国际科学计量学界相关研究机构和众多研究者的关注。根据该软件主页的数据,2008 年共有来自全球 74 个国家 395 个城市的 7430 位研究者使用了该软件。该软件自 2008 年经大连理工大学 WISE 实验室(网络-信息-科学-经济计量实验室)推广以来在国内研究得到广泛应用,在中国知网期刊数据库中,借助该软件进行的研究论文已达到近 1000 篇(其中核心论文 500 余篇);在体育科学领域,包括《体育科学》《中国体育科技》《北京体育大学学报》《上海体育学院学报》等在内的体育学核心期刊刊载的基于 Citespace 的研究论文也达到了 40 篇左右,选题涉及学科前沿、科学发现、科学合作、知识管理和科技政策等诸多方面。

1.6 创新点

本研究的主要创新之处体现在以下几个方面:

(1)选题新。近年来国内体力活动研究活动正加速积累,但对相关问题的科学研究还比较滞后,无法为体力活动实践提供强有力的理论依据与支撑。而体力活动在全球范围内的科学研究成果却较为丰富。本研究秉承"学习与借鉴"的点,将研究视角选择在国际体力活动研究热点与理论演进方面,选题较为新颖,有较大的理论与现实意义。

(2)方法新。本研究突出方法上的创新,改变了传统以定性研究方法为主的研究模式,运用了引文分析(citation analysis)、共被引分析(co-citation analysis)、词频分析(word frequency analysis)、共词分析(co-word analysis)、社会网络分析(social network analysis)等前沿的科学计量学方法,以及多种处于国际领先水平的科学计量学分析和绘制知识图谱的软件,对国际体力活动研究领域进行动态的、可视化的探测,更有利于更好地把握体力活动的现状与发展趋势。

(3)视角新。当前的科学计量学领域中,科学知识图谱和知识可视化方面迅猛发展,成为一种有效获取知识、发现知识和探测知识前沿的新手段。由于视觉在人类感知外部信息中起到绝对主导作用,图像又是视觉信息的第一要素,知识图谱能够将抽象的信息形象地展现出来,可谓"一图胜万言"。知识图谱不仅创新了科技情报分析的模式,而且改变了人们观察世界的视角。本研究突破以往的纯文字表达,运用概念地图补充自然语言表述知识的局限,描绘出一幅详细的国际体力活动研究的历史画卷。

1.7 研究方法

(1) 定量分析与定性分析相结合。采用定量分析与定性分析紧密结合的方法,在对国际体力活动研究热点与理论演进进行研究时,借助了科学计量学方法(引文分析、共被引分析等),对数量宏大的体力活动研究文献的引文进行定量分析,然后运用归纳和演绎、分析与综合以及抽象与概括等定性研究方法对数据的运算结果进行思维加工,来揭示体力活动发展的内在规律。

(2) 比较分析与逻辑归纳相结合。通过对已有研究的综合梳理,比较分析其研究思路及研究结论,结合本研究思路及内容,对前人研究进行逻辑归纳和梳理。本研究采用的比较分析方法包括历史比较分析和国际比较分析。在体力活动研究热点与理论演进方面,采用历史比较的方法揭示不同时期体力活动的研究热点及社会背景;同时运用历史比较的方法揭示体力活动理论演进的历史性规律。在本研究的总结部分,采用国际比较分析的方法,分析中国与国际体力活动发展的不同特点及中国与世界的差异。

(3) 实证分析与规范分析相结合。实证分析与规范分析是经济学研究的重要方法。实证分析仅对社会经济活动、经济行为或经济现象进行客观分析,总结其发展过程中的客观规律,主要回答"是什么"的问题;规范分析以一定的价值观为标准,对事物发展状况进行是非曲直的价值判断,主要回答"应该是什么"的问题。本研究结合这两种方法对体力活动进行研究,既对体力活动的研究热点与理论演进进行了客观性的描述,也对"该怎么"发展我国体力活动提出了对策与建议。

第 2 章　知识图谱基本理论与数据来源

2.1　科学计量学

　　科学计量学是对科学本身进行定量研究的学科,属科学学的一个重要分支。由于历史的原因,不同学科领域的研究者给它起了不同的名字,诸如文献计量学、情报计量学、技术计量学等,但在当代权威科学学家默顿和加菲尔德看来,它们都是一门学科,即科学计量学。苏联科学学家穆利钦科与纳利莫夫在 1969 年创造科学计量学这个词时认为,"科学计量学是指科学学研究中的定量方面问题。普赖斯认为,科学学就是科学计量学。《科学计量学》主编布劳温则认为,科学计量学主要分析科学情报的产生、传播和利用的量的规律性,以便有助于更好地理解科学研究活动的机制。加菲尔德在 1979 年提出科学计量学是"对科学技术进步进行测度的学科"(蒋国华,1997)。它起源于科学学中对科技政策的定量研究,聚焦于对科学广泛而多样的定量测度或科学指标,以及应用科学计量学研究不同国家、地区或研究机构的科学能力,而知识图谱专家们应用它来描述一个知识领域的学科结构。加菲尔德指出:"我们可追踪多个领域的增长或下降趋势,或确定这种活动发生在哪里。"

　　中国著名科学计量学家蒋国华在《科学计量学和情报计量学:今天和明天》中对科学计量学的发展作了详尽的阐述。在国际领域,对科学的计量研究,最早可追溯到一百多年前的少数自然科学家对科学发展的统计分析,阿尔丰沙·德堪多和弗朗西斯·高尔顿是这方面的创始人。20 世纪初,仍然有人尝试对科学进行计量研究。1917 年科尔和伊尔斯统计了 1543—1860 年欧洲各国发表的有关动物解剖学方面的论文,绘制了论文数量的时间分布曲线,该曲线与后来的科学发展指数增长规律曲线十分吻合。1923 年英国的休姆对《国际科技文献目录》所载的 1901—1913 年的期刊逐年进行了分类统计,他认为按专业分类的文献时序分布可以反映相应学科的发展。具有现代科学计量学意义的研究起始于美国学者洛特卡,他在《科学生产率的频率分布》中提出了著名的洛特卡定律。布拉德福定律和齐普夫定律也对科学计量学的奠基产生了积极的影响。真正使科学的计量研究成为一门科学的人是普赖斯。普赖斯在《小科学·大科学》(1963)中提出:"我们为什么不应用科学学自身的工具呢?为什么不进行测度、归纳,提出假设并得出结论呢?"该问题成为当代科学计量学研究的起源。著名科学社会学家默顿指出,普赖斯的《巴比伦以来的科学》《小科学·大科学》两部著作的出版和尤金·加菲尔德的《科学引文索引》是科学计量学发展史上的两件奠基性大事。这两部著作全面继承了近一个世纪以来许多先驱人物科学定量研究的各种优秀成果,为科学计量研究构筑起了结构框架,奠定了理论基础,从而开辟了一个崭新的研究领域——科学计量学。普赖斯被默顿和加菲尔德誉为"科学计量学之父"。

以普赖斯的《小科学·大科学》一文的发表为起始,从20世纪60年代到70年代末,是科学计量学的创立和成长阶段。这一时期的主要特征是:最初的研究大多表现为一部分热情的研究者对计量研究的个人爱好,随后交叉科学的方法、数学模型和物理学模型、社会学和心理学的方法,以及图书情报学的方法和模型,都被综合引用过来。但从总的规模上来说,这一阶段属"小科学计量学"阶段。1955年加菲尔德发表题为《引文索引用于科学》的论文,系统地提出用引文索引检索科技文献的方法。1960年,加菲尔德成立"科学情报研究所"(Institute for Scientific Information, ISI),通过一系列试验以后,1961年ISI开始编写面向全部科技领域的综合性引文索引,1963年出版,取名为《科学引文索引》(Science Citation Index),简称SCI。《科学引文索引》在普赖斯手里首次被赋予了科学计量学研究的生命活力。1965年,借助《科学引文索引》,普赖斯发表了论文《科学论文的网络》,在这篇论文中,他研究了科学论文之间的引证和被引证关系,以及由此形成的引证网络。根据网络分析的原理,他提出了能指明科学研究前沿的定量模型。普赖斯指出,第一流的科学家应密切注视他的同事和同代人的工作,因为科学研究前沿依赖近期的研究成果,在网络图上,必有密集分布的小条或小块,如果将这些小条小块研究清楚,就可以绘制当代科学的"地形图"。加菲尔德的《科学引文索引》以及普赖斯对它的独特运用,对科学计量学产生了重大的影响,引文分析普遍开展起来。学者还广泛采用统计分析、矩阵分析、图论等数学工具对引文进行分析,以研究各国科学的状况、科学前沿的进展、不同学科的结构和联系等。而计算机的广泛运用,更使得引文分析如虎添翼。1969年世界上第一本科学计量学专著问世,是由苏联纳利莫夫和穆利钦科合著的《科学计量学:将科学作为情报过程来研究科学的发展》,术语"科学计量学"正式被创造出来,即俄文 Hay Komespня(英文译为 Scientometrics)。1973年美国的斯莫提出了共引和共引分析的概念。当两篇论文同时被第三篇论文引用,则前两篇论文间的关系称为共引关系,同时定义了共引强度以量度论文之间的共引程度。共引文分析可用于对学科的结构及学科间的联系和交流作定量的动态分析。1974年,斯莫又提出圆环模型来表示双引、三引、多引等内在的共引文关系。建立在耦合强度和共引文强度基础上的文献聚类分析逐渐发展成为当前科学计量学最活跃的研究领域之一。斯莫认为文献聚类分析起码可以做3件事情:第一可以了解各专业的社会结构和认知结构;第二了解当前从事某一专业研究的人员组成情况;第三采用相同的阈值逐年对科研论文进行聚类分析,则可以通过专业团队的增长速度来量度该专业发展的情况。所以,对科技文献进行引文分析的确有助于对科学的研究和认识。

从20世纪70年代末到80年代初开始,科学计量学开始显现出"大科学计量学"的形态,其主要特征是:学科本身已经日趋成熟,出现了诸多的研究层面,诸多的子领域,形成了科学交流网络,创办了国际期刊,开始兼办国际会议,尤其是在发达国家,服务于国家科学政策的重大项目的资助已经成为资助科学计量学研究的常规方式。因此有学者认为:"这门学科已经从小科学计量学,变成了大科学计量学。"1978年9月,《科学计量学》(Scientometrics)杂志创刊。许多在科学计量学"无形学院"中有影响的人物曾是它的编委会成员,包括加菲尔德、普赖斯等。执行主编布劳温来自于匈牙利国家科学院图书馆的信息科学及科学计量学小组

(ISSRU),布劳温致力于使《科学计量学》站在科学计量学研究与发展的最前沿,报道与世界发展相关的各个国际议题,以及科学计量学领域的全部主要国际会议为所有定量化的科学学研究提供舞台,对于这本期刊的研究与回顾将很好地反映科学计量学领域的发展。

对国际科学计量学界来说,科学计量学之父普赖斯1983年的不幸去世,几乎成了科学计量学发展道路上的转折点。一方面,人们为失去该领域里的"大建筑师"而悲伤;另一方面,这位科学计量学之父的辞世,似乎更激发了人们对他所开拓领域的研究兴趣。因此从学术角度看,普赖斯之后依然是科学计量学兴旺的年代。比利时学者埃格赫认为:文献计量学、信息计量学和科学计量学正在发展成为越来越专业化的研究学科。国际著名的匈牙利科学计量学家布劳温率先提出,以《科学计量学》杂志为基地,设立国际科学计量学普赖斯奖,1984年开始颁奖,每年评选一次,旨在奖励为科学的定量研究及其应用做出贡献的人物。首次普赖斯奖的获得者是《科学引文索引》创立者——加菲尔德。首届科学计量学的专业国际会议于1987年在比利时举行,以后每两年举行一次,历久不衰。除第一届会议以外,历届会议均有中国科学计量学和情报计量学的专家出席。1993年,国际科学计量学与情报计量学学会(ISSI)正式成立。ISSI分设个人会员和团体会员,创办学会通讯,并通过互联网向会员通报在世界各地举办的科研活动和学术会议情况,与其同名的杂志于1995年春正式创刊。

2.2 知识图谱的概念及其发展历程

2.2.1 知识图谱的概念

知识图谱(knowledge graph)又称为科学知识图谱,在图书情报界称为知识域可视化或知识领域映射地图,是显示知识发展进程与结构关系的一系列各种不同的图形,用可视化技术描述知识资源及其载体,挖掘、分析、构建、绘制和显示知识及它们之间的相互联系。知识图谱通过应用数学、图形学、信息可视化技术、信息科学等学科的理论和方法,与计量学引文分析、共现分析等方法结合,并利用可视化的图谱形象地展示学科的核心结构、发展历史、前沿领域及整体知识架构,达到多学科融合目的,并为学科研究提供切实的、有价值的参考(图2-1)。

知识图谱是科学计量学的研究前沿,这种方法操作较为简便,集成了几乎所有常用的科学计量学方法,并将结果通过直观的图形形式展现出来。知识图谱是引文分析与数据、信息可视化相结合的产物。

2.2.2 知识图谱的发展历程

引文分析是知识图谱发展过程中的重要基础。正式的引文分析始于20世纪50年代初。1964年美国的尤金·加菲尔德创立引文数据库SCI,为学者们利用引文分析法分析学科领域知识结构提供了强有力的工具。SCI不仅为引文分析奠定了数据平台,而且使得规范化、高质量的引文分析成为可能。20世纪60年代早期,加菲尔德等开始了基于引文数据的开拓性研究,他们在《应用引文数据撰写科学历史》(*The use of citation data in writing the history*

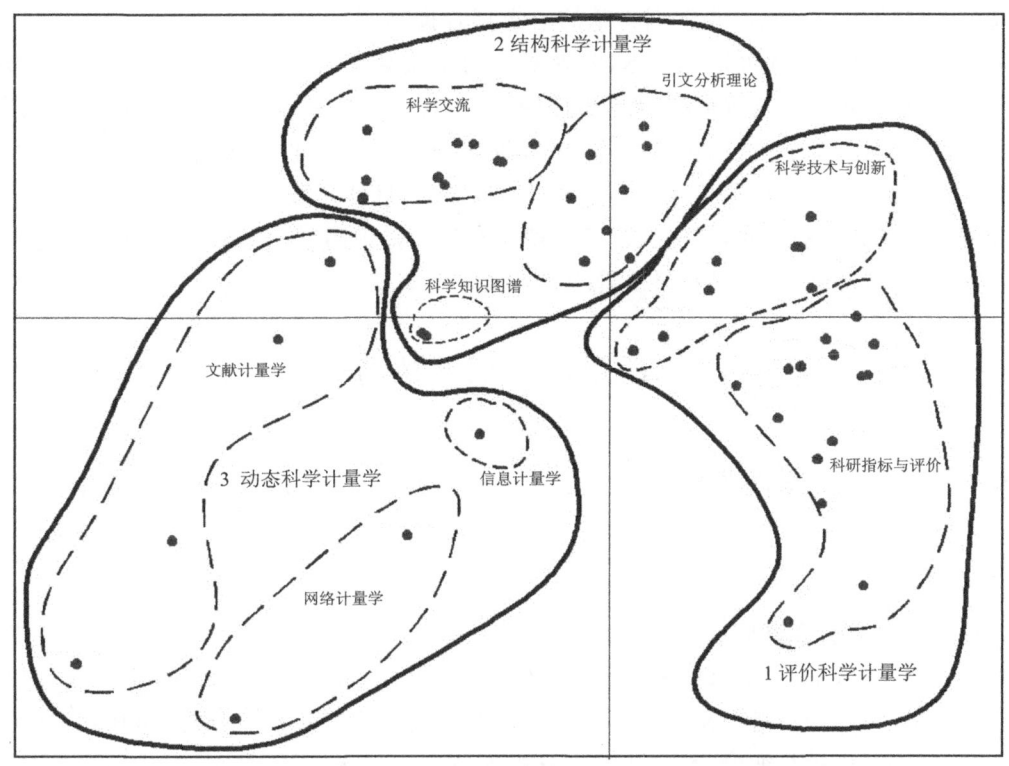

图 2-1 基于作者共被引分析的科学计量学学科结构（侯海燕，2006）

of science）中绘制了 DNA 研究领域的历史发展图谱。不久之后，普赖斯用相同的数据在其一系列经典著作《巴比伦以来的科学》《小科学·大科学》《科学文献的网络》中进行了知识图谱绘制的开创性工作。尽管当时并没有使用"知识图谱"这一概念，但是在实际运用引文分析为基础的"知识图谱"理论与方法已经应运而生了。国内自 20 世纪 80 年代引入 SCI，很快引起了广大学者的极大兴趣，被越来越多的科学研究者所认同及使用，用于揭示科学结构、研究科学史的发展规律、评价科研绩效、预测研究领域热点等方面。

与此同时，计算机技术的快速发展及其在科学计算领域的应用为数据和信息处理提供了强有力的工具。1987 年，可视化作为一个正式的术语在美国国家科学基金会举办的可视化会议上被提出。它最早应用于科学计算领域并形成了可视化研究的一个重要分支科学计算可视化，被广泛应用于各学科领域的数据和信息处理，产生了数据可视化、信息可视化、知识可视化和引文分析可视化等重要研究领域。可视化技术的产生为引文分析提供了一个更好的表达和阐述内涵的途径。国外学者对此已经进行了一系列研究。如美国 Drexel 大学的 Howard D. White 分析了情报科学 1972—1995 年的作者共引情况，用图表揭示了对情报科学影响较大的机构和单位、学科发展结构以及作者关系情况的变化。1999 年 Chen 利用三维虚拟技术开发一套将作者共引关系表示出来的图表，并分析了大型的引文网络结构；加拿大多伦多大学的 An 在 2004 年提出了研究计算机文献相互联系的结构方法，通过数字图书馆检索到有关文献的引用情况，然后应用图表可视化的算法来展示它们之间的关系并研究其中的一些规律;陈超美在1999年利用可视化技术分析了有关文献的共引情况图,为揭示其有关的规律提供依据;Noel在2002年根据文献的引文耦合提出了有关可视化方法。科学知识图谱的应用离不开引文分析和可视化技术,是两者的有机结合。近年来,随着计算机技术的迅猛发展,引文分析和可视化领域都取得了长足的进步,许多新的技术被广泛应用于文献、专利、基因图和其他信息类型的可视化分析,产生了许多新的研究成果,为科学知识图谱的绘制提供了新的可靠的理论、方法和技术支持。其中最引人注目的是数据可视化、信息可视化和引文分析可视化及其应用研究,将引文分析可视化和科学知识图谱的重要应用前景展现在人们眼前,备受信息管理界、科学界和科研管理界的关注和青睐。

2.3 知识图谱的绘制方法与常用软件

2.3.1 知识图谱的绘制方法

2.3.1.1 共被引分析

共被引与共被引聚类是本书最主要的理论依据。自 Henry Small 1973 年提出文献共被引的概念之后,经过 Howard D. White 等的研究,共被引的概念已经引入到了作者、期刊、学科、机构、类目(category)等类别,形成了文献共被引分析、作者共被引分析、期刊共被引分析、学科共被引分析、机构共被引、类目共被引分析等,其中前3种最为常见。

文献共被引也称文献同被引,是指 A 文献和 B 文献同时出现在 C 文献的参考文献中,A 文献和 B 文献就构成了共被引关系,主要体现了被一篇文献同时引用的参考文献之间的结构关系,是一类最基本的共被引关系。当 A 文献和 B 文献同时被 N 篇文献($N=1,2,3,\cdots$)所引用,则它们之间的共被引强度(即共被引次)为 N。共被引强度 N 越大,说明这些共被引文献的内容或主题越相似。作者共被引关系、期刊共被引关系的共被引强度也根据同样的原理来界定。

共被引强度反映的是文献之间、作者之间和期刊之间的关系:文献共被引反映了文献之间内容的相关性;作者共被引反映了作者之间研究主题的概念、理论或方法的相关性;期刊共被引反映了期刊间之间所属学科领域的相关性。两者之间的共被引强度最大,相关性就越强。利用聚类分析、多维尺度分析等多元统计方法和降维技术,能将这些分析对象之间错综复杂的共被引网络关系简化数目相对较少的若干类群之间的关系,并直观地显示出来。

分析对象的共被引网络,可以用于多种功能。文献共被引网络,可以用于研究科学文献体系的特征结构、分布和利用,通过文献共被引群体网络及其变化,可进行研究学科结构、学科相互关系、联系特征和发展变化趋势等方面。作者共被引网络,让众多的作者按照被引证的关系聚集成一个个学科群体,形成学科群体网络,反映出学科专业人员之间的联系和结构特点,进而反映出他们所从事的学科专业之间的联系及其变化发展趋势。通过作者共被引分析,在微观上能够揭示某些学科间的相互交叉相互依赖关系,可以在一定程度上反映科学体系的学科构成和结构特征。具有共被引关系的学科群体在数量、结构方式等方面的变化,在某种程度上反映了学科的分化、渗透和融合发展趋势,继而追踪学科发展的过程及演变趋势。学科群体中作者的数量和结构变化,在一定程度上反映了学科的兴衰、历史演变等情形。期刊共被引分析将数量众多的期刊按被引证关系联系起来,从而从被利用的角度揭示了各学科期刊之间的相互关系和结构特征。

总之,通过共被引聚类分析,特别是对引文间的网状关系进行研究,能够探明有关学科之间的亲缘关系和结构,划定某学科的作者集体,分析推测学科间的交叉、渗透和衍生趋势,还能对某一学科的产生背景、发展概貌、突破性成就、相互渗透和今后发展方向进行分析,从而揭示该学科的动态结构和某些发展规律。

2.3.1.2 词频分析

词频分析是语料库语言学、计算语言学、科学计量学、文献计量学等学科常用的一种研究方法。词频是指某一个词在文章或讲话中出现的次数。词频分析方法是利用能够揭示或表达文献核心内容的关键词或主题词在某一研究领域文献中出现的频次高低来确定该领域研究热点和发展动向的文献计量方法。随着研究的进展,"词"包括了主题词、关键词、叙词、著者、分类号、篇名、刊名、汉字、字母等。本书所说的词频分析,是对关键词、著者、期刊名在标题、文章、目录、文献库中的出现频率进行的分析。

关键词是指从文献的篇名、摘要和正文中提炼的,用以表达文献主题的概念且具有实际意义的自然语言词汇。关键词能真实地反映出文献的基本内容,某一关键词或主题词在其所在领域的文献中反复出现,则反映出该关键词或主题词所代表的研究主题是该领域的研究热点。通过揭示高频词在各年中的分布变化,可揭示学科的发展热点和脉络,主要包括:统计各年收录的高频词的差异;统计各个高频词在各年中的频次变化和频次排序变化;与内容分析相结合,分析高频词所承载的科技内容;将这些关键词进行相应的分类与组织,揭示研究领域的热点主题。

2.3.1.3 共词分析

在一篇文献中,多个关键词因存在着内容上的联系而标注在同一篇文献中,多个关键词组合在一起可表达出文献的内容。对某一领域一定数量文献的关键词或主题词进行科学计量分析,可以得出这些主题词所代表的学科和主题的结构变化。共词分析就是一种重要主题词分析方法。

共词分析法属于内容分析方法的一种,是利用一定数量文献集中某一词汇或名词短语两两之间在同一篇文献中共同出现的次数来分析文献集的内部结构特征。一般认为,两个主题词共同出现的次数越多,则表示这两个主题词所代表主题的关系越紧密。在此基础上通过多种方法可对这些主题词进行深入分析,共词聚类分析就是其中的重要一种方法。共词聚类分析以这些主题词共同出现的频次为分析对象,运用多元统计分析方法中的聚类分析,形成由这些主题词组成的共现网络,将众多主题词之间的复杂关系转化成数目相对较少的类群之间的关系,用数值、图形等方法直观地表示出来。共词聚类网络中,网络内节点之间的远近可以反映这些词所代表的主题内容的亲疏关系,关联密切的主题还将聚集在一起形成类团,表达某一领域分支的组成。

共词聚类分析广泛应用于科学计量学、信息科学等领域,可以用于概述某领域或学科的研究前沿与热点,从横向和纵向上分析该领域或学科的发展过程、特点及领域或学科之间的关系,反映该领域或学科的动态和静态结构等。

共词分析也基于一定的理论假设,这些假设是共词分析有效性的前提:文献的主题词等技术术语是经过作者精心挑选的,是可被依赖的;文献中不同的主题词等技术术语之间有一定的联系,这种联系是被作者认可或要求的;这种不同主题词等技术术语之间的联系如果被很多作者所认可,则这种联系可以反映该领域的科学研究现状,并会影响到未来使用这些主题词标注的科技文献。

2.3.1.4　聚类分析

聚类分析是通过一定的方法将没有分类信息的资料按相似程度归类,是知识发现和数据挖掘中的一个重要工具。聚类分析可以将数据分类到不同的类或者簇这样的一个过程,所以在同一个簇中的对象有很大的相似性,而不同簇间的对象有很大的相异性。从统计学的观点看,聚类分析是通过数据建模简化数据的一种方法。传统的统计聚类分析方法包括系统聚类法、分解法、加入法、动态聚类法、有序样品聚类、有重叠聚类和模糊聚类等。采用K-均值、K-中心点等算法的聚类分析工具已被加入到许多著名的统计分析软件中。聚类分析是一种探索性的分析,在分类的过程中,人们不必事先给出一个分类的标准,聚类分析能够从样本数据出发,自动进行分类。聚类分析所使用方法的不同,常常会得到不同的结论。不同研究者对于同一组数据进行聚类分析,所得到的聚类数也未必一致。

在近几年的研究热点中聚类分析作为一种数据挖掘的重要手段在文本挖掘中起着重要的作用。通过将文本变换成词向量来聚类的方法是一种重要的聚类方法,它将词条标以不同的权重值。这样一篇文献就由词条的权重值组成的特征向量来表示,然后在此基础上开展各种文本聚类的研究。文献聚类分析是聚类分析技术在引文分析领域的具体应用,主要根据引文的不同特征进行分群聚类和分析研究。聚类分析是最常用的降低维数技术的多元统计方法之一,属于降低维数技术的范畴。聚类分析的结果通常是网络图或树状图,从图中可以分析求出需要预测判断的目标。

2.3.1.5　社会网络分析

社会网络分析(social network analysis),有时候也被称为"结构分析",并不是一个正式的理论,而是一个广义的研究社会结构的战略。社会网络分析,是一个受到多学科影响的交叉科学技术,其主要思想来源于数学和计算机技术。在社会学中,社会网络分析则起源于社会计量学(sociometrics),传统的个人社会理论和数据分析仅仅研究个体行动者本身,而不考虑其他人的行为。这种个体的方法忽视了行动者的社会背景。在社会网络分析中,行动者之间的关系成为研究的第一要素,个体的属性仅仅是第二位的。然而,应该指出,这两个方面对透彻地理解社会现象都很重要。

社会网络分析的另一个重要的研究方向是对网络结构如何影响行动者行为的研究。很显然，社会网络研究的方法可以为许多学科增添附加的价值。社会网络分析可以分为自我网络分析(ego network analysis)和全球网络分析(global network analysis)。在自我网络分析中主要研究单个的人，比如怀特对加菲尔德的科研网络的研究。全球网络分析试图发现整个网络中全体参与者的关系。一个社会网络(social network)是一个人群的集合，其中的每一个人都与其中某个子群体的人相互熟悉。这样一个网络可以用点或矢量的集合来代表人，用线的连接来表示相识。在理论上，可以为一个公司、一个学校、一个大学或者任何共同体构建一个社会网络，甚至可以包含整个世界。

2.3.2 知识图谱绘制的常用软件

目前研究人员基本上是使用成熟的知识图谱绘制工具对收集的海量数据进行处理和可视化分析。知识图谱绘制的方法流程主要包括数据源选择、数据采集、数据处理、数据导入、参数设置、知识图谱绘制和分析等几个步骤。

2.3.2.1 Citespace

Citespace 是本书使用的主要分析软件。Citespace 凭借其使用操作简单、兼容多种数据库格式的数据、可以绘制多种图谱且可视图化效果好、提供信息量大和自动标识、易于图谱解读等强大功能优势吸引了大量专业学科的研究人员。

Citespace 可视化软件是将引文分析、聚类分析、网络分析等在知识单元分析的基础上结合并集成起来并融入数据挖掘、计算机图形学、图像技术、智能技术及相关先进算法等方面的手段与方法进行跨学科的综合创新，从而形成适于多元、分时、动态的网络分析的新一代可视化技术。它可以作为基于知识单元分析的知识计量学普遍应用的新工具。Citespace 采用 Kleinberg 的突变检测算法，从文献题录的标题、摘要、主题词和关键词字段中检索出现频次增长率较高的专业术语，并依据它们相互之间的共现情况进行聚类，进而构建研究前沿术语的共现网络。

Citespace 的另一个主要功能是通过频次增长检测算法探测某知识领域的研究前沿，并预测其发展趋势。通过该算法考察知识单元(关键词、引文等)被引频次的时间分布，将那些频次变化率高、频次增长速度快的"突现词"或"突现文献"检测出来，利用词频的变动趋势，来分析科学领域的前沿热点和发展趋势(图 2-2)。

Citespace 绘制的知识图谱由众多不同颜色的节点和连线组成。图谱上方的不同颜色组成的色带代表该知识领域文献数据的时间范围以及按设定的时间区隔生成的年份；节点上多个厚度不一圆圈的不同颜色对应相应色带的年份，节点采用年轮的表示法，从中心向外延伸的圆圈表示其引文的时间序列，每个圆环的厚度与相应年份的被引频次成正比(图 2-3)；节点之间的距离远近表示节点间的亲疏关系，节点之间的连线代表两个节点之间的关系，连线的粗细代表节点之间联系的紧密程度，通过信息窗口还可以查看各节点更为详细的特征，如中心性值、突现值等。

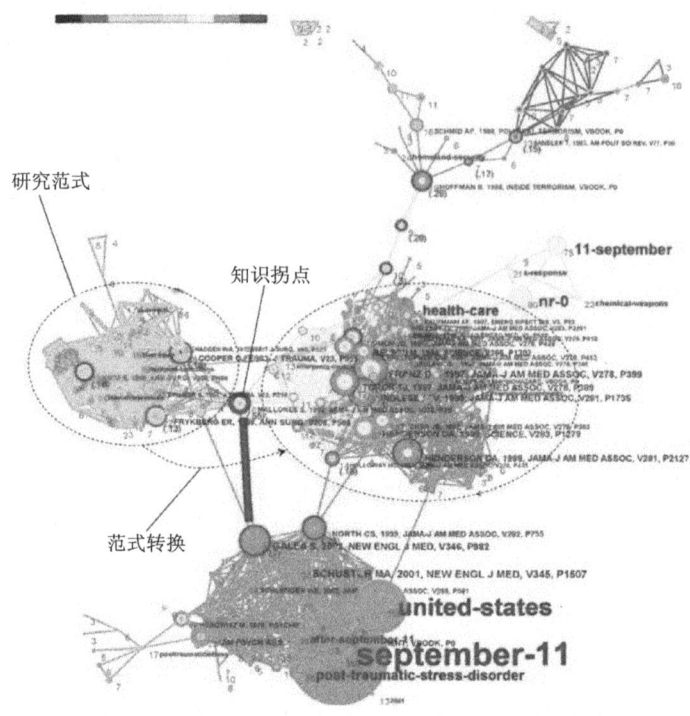

（1990—2003年间恐怖主义文献共被引图谱）

图 2-2　Citespace 知识图谱"知识拐点"文献及其作用（Chen,2009）

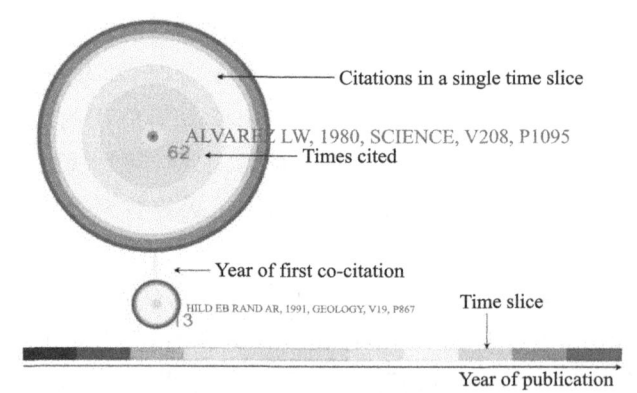

图 2-3　Citespace 知识图谱文献节点的引用年环（引用历史）（Chen,2009）

Citespace 自 2004 年开发以来,因在实际应用中简单、科学、有效又易操作,且具有美观的可视化效果,并在国内外信息科学领域得到了广泛的应用,被超过 40 个国家的上万名研究者们下载使用。陈超美博士在《美国科学院院刊》和《美国信息科学与技术学会会刊》上介绍 Citespace 和 Citespace Ⅱ 的文献,在 Google Scholar 中已分别获得了 1000 余次和近 4000 次的高引用频次。

在安装和启动 Citespace 软件之前,首先应确保电脑装有相匹配的 Java Runtime（JRE）。如果电脑系统为 32 位的,需安装 Windows x86 的 JRE;如电脑系统为 64 位的,需安装

Windows x64 的 JRE。当 Citespace 运行速度非常慢时，除了考虑数据量的原因外，也应该考虑计算机的系统配置情况。Citespace 软件对数据格式的要求是以 Web of Science 数据库的文本数据格式为标准，并随着 ISI 数据库中数据格式的变化而不断更新。该软件可直接导入 Web of Science 数据库中的数据进行可视化分析，并对来源于 CNKI、CSSCI、Derwent、NSF、SCOPUS 和 Project DX 的数据提供了数据格式转换器。Citespace 更适用于研究某个主题的演进，所以有针对性的主题检索效果相对更好。由于该工具基于数据的聚类而形成可视化图谱，因而数据量应达到一定的规模。如果一次检索的数据量较少，可以以此为"种子"，进行引文的二次检索，数据将会更完整，这在一定程度上提高可视化效果。

数据准备好之后，进入 Citespace 运行阶段，该阶段包括一系列的选择，即时区选择、阈值选择、剪枝选择和功能选择。时区选择是 Citespace 工具的一大特色，但当研究内容并不在于反映"演化"时，就可以灵活地将数据划为一个时区。阈值选择提供了多种数据筛选的策略。首推最简单的 Top N 选择，即在每个时区中选择前 N 个高频出现的节点。次推 Top N% 选择，即在每个时区中选择前 N% 个高频出现的节点。第三种比较复杂，通过前、中、后 3 个时间段的 (c,cc,ccv)，即通过被引或出现的频次、共被引或共现频次、共被引率或共现率的设置来筛选数据的方式，具体运行过程中通过线性插值的方法对各个时间段进行阈值控制。(c,cc,ccv) 的前两项是绝对值控制，实现对点的控制，ccv 是相对值控制，实现对线的控制，经验值为 15 或 20，这意味着我们对出现频率较高的两点的共现频率的要求也相应提高。第四种选择是要与上述 3 种选择策略配合使用，选择出现频率在某个区间的文献（或词等），可以根据研究的具体内容，方便地删除可能无太大意义的高频文献或低频文献。

在 Citespace 运行过程中，后台的数据处理状况都能够显示出来，可以根据数据运行状况进行阈值调整。如果可视化初期结果杂乱难以解读，Citespace 提供了寻径 (path finder) 和最小生成树 (minimum spanning tree, MST) 两种剪枝方式的选择。path finder 的作用是简化网络并突出其重要的结构特征，优点是具有完备性；MST 的优点是运算简捷，能很快显示出结果。Citespace 提供了 11 种功能选择，针对于施引文献的合作图谱（作者合作、国家合作和机构合作）和共现图谱（特征词、关键词、学科类别），以及针对被引文献的共引图谱（文献共被引、作者共被引和期刊共被引）。这些图谱都可以用来揭示科学结构的发展现状乃至变化情况，进而用于前沿分析、领域分析、科研评价等，但针对具体的研究问题，应根据不同图谱的绘制原理来选择。如使用最频繁的是文献共被引图谱，可以帮助人们通过图谱中的关键节点、聚类及色彩来分析某个研究主题的演变；选择合作图谱可以发现某个研究领域学者、国家或研究机构之间的社会关系，为评价科研人员、国家或机构的学术影响力提供一个新的视角，有利于发现那些值得关注的科研人员、国家或机构；共词（特征词或关键词）图谱更有利于人们分析研究热点及其演变，尤其配合突现词 (burst term) 功能的使用时更为便利；学科类别贡献图谱往往用来分析学科知识结构及其演变；作者共被引图谱可以用于分析某个领域内的科学共同体及其演变；期刊共被引可用于研究领域的学科基础及其演变的分析。在完成这一系列选择后，按下运行按钮，Citespace 将在后台进行创建矩阵、降维和聚类的分析过程，数据筛选和运行情况会显示在运行窗口的左侧。随后进入可视化与解读阶段。

一般说来，Citespace 知识图谱的合格满意标准主要是：数据完整、程序正确、图谱美观、解读合理,并在图谱制作中能够贯穿和体现 Citespace 的核心功能与和理论功能。这两方面是 Citespace 知识图谱方法论功能中的关键与基础。包括这两方面在内的方法论功能要得以实现,必须通过 Citespace 的一系列应用流程来保证。在使用 Citespace 时,能够达到知识图谱合格满意标准的主要流程包括软件安装、数据采集、数据处理、参数功能选择、可视化和解读。

2.3.2.2 Bibexcel

Bibexcel 是由瑞典科学计量学家 Persson 开发的科学计量学研究软件。Bibexcel 是一款供非营利学术使用的免费软件,它的主要特点是小巧实用、功能丰富。它的功能包括:文献计量学分析(bibliometric)、引文分析(citation analysis)、共引分析(co-citation)、引文耦合分析(bibliographic coupling)、聚类分析(cluster analysis)及科学知识图谱的绘制(mapping)等,所应用的数据包括 ISI 的 SCIE、SSCI、A&HCI,也可用于其他类型数据的分析。

Bibexcel 在数据管理和分析过程中操作简单且灵活度较高,作为综述类文章的研究工具,现已广泛应用于人文社科类与自然科学类的众多学科领域。Bibexcel 不仅可以对数据的相关知识单元,例如作者、关键词等进行频次分析和排序,还具有强大的知识单元共现分析能力。它的分析结果可直接导出至 Excel 文档,进行图表与可视化图谱的制作。

Bibexcel 软件可以从 Bibexcel 官方网站(网址:http://homepage.univie.ac/juan.gorraiz/bibexcell)进行下载。帮助文档 Bibexcel.hlp 和 Bibexcel.cnt 也可以在该官方网站上进行下载。在 Windows 运行环境中,将下载后的 exe 文件保存到任意目录下,双击即可运行。在安装过程中,如果提示需要安装附加内容,可按照提示在网上下载。

2.3.2.3 Pajek

Pajek 是由斯洛文尼亚研究者 Vlado Andrej 于 1997 年发明的免费的网络可视化软件,该软件能够将共现网络通过不同的算法进行绘制。在 Pajek 中,提供了 Kamada-Kawai、Fruchterman-Reingold 两类多种算法,可以展示二维和三维网络。其中分离算法可以将各个互不连接的子网络单独显示出来,清晰地展示网络的分布。Pajek 适宜绘制节点不多的小型网络(如 200 个节点左右的合著网络),其分离算法可以清晰地展现子网络的分布状态,将大型网络分解成几个较小的网络,以便使用更有效的方法作进一步处理;同时还具有向使用者提供一些强大的可视化操作工具和执行分析大型网络有效算法(subquadratic)的特点。

通过 Pajek 可完成以下工作:在一个网络中搜索类(组成、重要结点的邻居、核等);获取属于同一类的结点,分别显示出来,或者反映出结点的连接关系(更具体的局域视角);在类内收缩结点,并显示类之间的关系(全局视角)。除普通网络(有向、无向、混合网络)外,Pajek 还支持多关系网络,2-mode 网络(二分图-网络由两类异质节点构成),以及暂时性网络(动态图-网络随时间演化)。

2.3.2.4 VOSviewer

VOSviewer 于 2010 年由荷兰研究者 Nees Janvan Eck 和 Ludo Waltman 发明。VOS 全

称为 visualization of similarities，即相似度的可视化。VOSviewer 是一个用于构建和可视化文献计量网络的软件工具，主要可以对文献进行合作网络分析、共现分析、引证分析、文献耦合分析、共被引分析。例如，这些网络可能包括期刊、研究人员或个人出版物，它们可以基于引文、书目耦合、共引或合著关系构建。VOSviewer 还提供文本挖掘功能，可用于构建和可视化从科学文献中提取的重要术语的同现网络。

此软件的特点是采用了分层标签展示技术，使得复杂网络的节点标识可以通过交互清晰地展示出来，克服在复杂网络显示方面的不足，是较新的可视化软件，代表了可视化软件的前沿。软件有3种视图模式，即标签图、密度图、聚类云状图，丰富了可视化结果的展示手段。利用 VOSviewer 生成的网络文件（文本文档），网络文件中含有各个节点的标识、坐标、权重值、所属聚类等项目，通过 Excel 打开网络文件，使用数据透视表功能，可以开展聚类节点的进一步分析。VOSviewer 通过相似度可视化算法展示研究领域的二维结构，各个节点距离依据共现关系的强度，通过整体加计算而生成。VOSviewer 能够处理大量的数据，即使是节点比较多的共现网络也能通过运算并生成较为清晰的聚类图谱，结果的可读性较好。但缺点是可视化主要依据一种算法，手段较为单一。

2.4 数据来源

本研究的数据来源于国际公认的反映科学研究水准的数据库——Web of Science 核心合集中的三大引文索引：Science Citation Index Expanded（SCIE）、Social Sciences Citation Index（SSCI）和 Arts & Humanities Citation Index（A & HCI）。Web of Science 是 Clarivate Analytics（科睿唯安，原汤森路透集团知识产权与科技事业部）开发的信息服务平台，支持自然科学、社会科学、艺术与人文学科的文献检索，数据来源于期刊、图书、专利、会议录、网络资源（包括免费开放资源）等。SCIE 是全球获取科技学术信息的最权威、最重要数据库之一，收录了全球数千家出版机构的8000多种学术期刊的最新研究论文，并能通过120多年的回溯在已有的研究成果基础上获取新思路；SSCI 数据库主要收录社会科学方面的学术期刊，是全球著名社会科学领域引文索数据库，收录了社会科学的50多个核心学科领域的3200多种最具影响力的期刊文献信息；A&HCI 共收录1700多种艺术与人文领域的世界权威期刊，覆盖了音乐艺术、哲学、历史、戏剧、文学与文学评论、语言和语言学、舞蹈、民俗、中世纪和文艺复兴研究、亚洲研究等28个学科。

2.4.1 检索策略

在 Web of Science 核心合集检索界面，数据库选择 SCIE、SSCI 和 A&HCI，时间跨度为 1981—2020 年，文献类型选择论文（article）和综述（review），检索包括"physical activity"为主题的文献，数据库更新日期为 2021 年 8 月 11 日，共检索到论文和综述文献共 37 349 篇，分布在 156 个国家（地区），共涉及到 15 084 个研究机构中的非重复作者 89 943 人。

值得说明的是，本书第 3 章的分析是基于 1981—2020 年的 37 349 篇文献样本；由于 Citespace 对数据结构的要求，第 4 章至第 6 章的图谱是基于 1982—2020 年 36 877 篇文献。

因这些文献的参考文献数量多达 1 620 000 多条,两者的文献量差异对研究结果的影响基本上可忽略不计。

2.4.2 数据结构

Web of Science 独特的信息数据内容,为统计分析和软件输入提供了极大的便利。根据来源出版物的内容和类型,Web of Science 产品数据库中包含的文献记录信息(题录信息)多达 40 项(如果没有对应特定字段的数据,则该字段不显示);对于专利数据,根据来源文献的内容和类型,也可显示多达 14 项信息。表 2-1 列出了 34 项数据字段的名称,每个字段都是标准化格式,可以直接进行统计与运算。

更重要的是,以上每个字段还包含着更多的标准化信息,如本书中所用的"作者"字段包括了所有作者的姓名。在 2006 年之后出版的论文记录中,可以看到作者姓名的两种形式,但仍须按照姓氏在先、一个或多个名字首字母在后的形式来检索作者。作者姓名之后可能还会显示上标数字,表示已经找到了作者姓名与作者地址之间的关联,单击数字链接时,系统将此转到地址字段,可以查看到作者的地址;在某些情况下,还能给一位作者指定多个地址;当无法确定与作者相关联的地址时,可能没有给某位作者指定地址,但给同一篇论文的其他作者指定了地址。在保存及导出记录时,系统将保留作者-地址关联。在输出文献的"地址"字段中,可在地址之前查找作者姓名。

表 2-1 Web of Science 产品数据库题录信息内容

序号	数据字段	序号	数据字段	序号	数据字段
1	NCBI	13	会议信息	25	资金来源
2	标题	14	摘要	26	出版商
3	作者	15	图形摘要	27	Web of Science 类别
4	书籍作者	16	文献类型	28	学科类别
5	团体作者	17	书籍章节计数	29	IDS 编号
6	书籍团体作者	18	语种	30	ISSN
7	编者	19	作者关键词	31	ISBN
8	来源出版物	20	keywords plus	32	DOI
9	被引频次	21	通讯作者地址	33	化合物
10	引用的参考文献	22	地址	34	反应
11	查看 related records	23	电子邮件地址		
12	引证关系图	24	ResearcherID		

再如关键词字段,包括了"作者关键词"和"增补关键词"(keywords plus)。1991 年以来的论文记录中包括作者关键词,在 Web of Science 中会议录文献记录内也包含有作者关键词;增补关键词是由 Thomson Reuters 创建的索引词,这些索引词来自正在索引的论文的作者所引用论文的标题,是对传统的关键词或标题检索的增强。

以上所有字段，Web of Knowledge 的所有产品数据库中的"检索结果"和"全记录"页面上都具有输出记录选项，可以选择下载研究所需的特定字段信息。图 2-4 提供了本书所分析字段下载的标准格式，包括了作者、标题、出版物、关键词、摘要、参考文献及数量、被引频次等信息。

```
文件名       EN Thomson Reuters Web of Science™
版本         VR 1.0
出版物类型   PT J
作者         AU Suzuki, K
                Nakaji, S
                ……
作者全名     AF Suzuki, Katshiko
                Nakaji, Shigeyuki
                ……
文献标题     TI Systemic inflammatory response to exhaustive exercise. Cytokine kineties
出版物名称   SO EXERCISE IMMUNOLOGY REVIEW
作者关键词   DE exercise stress; interleukin; anti-inflammatory cytokine;
                colony-stimulating factor; chemokine; Th1/Th2 cytokine balance
摘要         AB It has been documented that strenuous exercise not only induces pyrogenesis but also
                elicits mobilization and functional augmentation of neutrophils and monocytes
                whereas it suppresses cellular immunity leading to ……
引用的参考文献 CR Bassit RA, 2000, MED SCI SPORT EXER, V32, P1214
                Baum M, 1997, EUR J APPL PHYSIOLO, V76, P165
                Camus G, 1997, CLIN SCI, V92, P415
                Castell LM, 1997, EUR J APPL PHYSIOL O, V75, P47
                Chatta GS, 1994, BLOOD, V84, P2923
                DeRijk R, 1997, J CLIN ENDOCR METAB, V82, P2182 ——— 作者共被引
                Ericson SG, 1998, BLOOD, V91, P2099
                Filep JG, 1998, J IMMUNOL, V161, P5656
                Gleeson M, 2000, EXERC IMMUNOL REV, V6, P75
                Hellsten Y, 1997, J PHYSIOL-LONDON, V498, P239
                Suzuki K, 1999, J APPL PHYSIOL, V87, P1360
                Suzuki K, 1996, J APPL PHYSIOL, V81, P1213
                Suzuki K, IN PRESS MED SCI SPO
                Takarada Y, 2000, J APPL PHYSIOL, V88, P61 ——— 期刊共被引
                Tateda K, 2001, J LMMUNOL, V166, P3355
                Terashima T, 1998, BLOOD, V92, P1062
                Tilz GP, 1993, IMMUNOBIOLOGY, V188, P194
                Toft AD, 2000, J APPL PHYSIOL, V89, P2401
                Ullum H, 1994, J APPL PHYSIOL, V77, P93
                Ullum H, 1994, J ACQ LMMUN DEF SYND, V7, P1122 ——— 文献共被引
                Vanbeaum W, 1972, J APPL PHYSIOL, V32, P712
                Viti A, 1985, J APPL PHYSIOL, V59, P426
                Woodfolk JA, 1996, J LMMUNOL, V156, P1695
                Zscbo KM, 1988, BLOOD, V71, P99
                ……
引用的参考文献数 NR 177
WOS被引频次     TC 182
被引频次总数     Z9 195(注：WOS、BCI 和 CSCD)
出版年           PY 2002
卷               VL 8
开始页           BP 6
结束页           EP 48
WOS类别         WC Immunology; Sport Sciences
记录结束         ER
```

图 2-4　Web of Science 下载题录信息的主要字段标识

第 3 章 国际体力活动研究的历史脉络

3.1 国际体力活动研究的历史阶段划分

3.1.1 国际体力活动研究的时间分布

研究成果数量及变化趋势可在一定程度上历时性地反映该研究领域的发展状况。本研究共收集到 37 879 篇国际体力活动研究相关的文献,这些文献发表于 1900—2020 年,时间跨度长达 120 年。表 3-1 反映了国际体力活动研究文献的年度分布和累积量变化趋势。

表 3-1 国际体力活动研究文献的年度分布与累积量变化

年份	文献量/篇	累积量/篇	年份	文献量/篇	累积量/篇	年份	文献量/篇	累积量/篇
1900	1	1	1931	1	35	1954	6	74
1903	1	2	1933	2	37	1955	3	77
1904	2	4	1935	2	39	1956	4	81
1908	2	6	1936	3	42	1957	8	89
1910	1	7	1937	2	44	1958	4	93
1913	3	10	1939	1	45	1959	2	95
1914	2	12	1941	1	46	1960	5	100
1915	2	14	1942	3	49	1961	8	108
1919	2	16	1944	1	50	1962	7	115
1920	1	17	1945	1	51	1963	13	128
1921	2	19	1946	1	52	1964	9	137
1922	3	22	1947	3	55	1965	11	148
1925	1	23	1948	1	56	1966	17	165
1926	2	25	1949	3	59	1967	14	179
1927	1	26	1950	1	60	1968	11	190
1928	2	28	1951	2	62	1969	19	209
1929	2	30	1952	1	63	1970	23	232
1930	4	34	1953	5	68	1971	19	251

续表 3-1

年份	文献量/篇	累积量/篇	年份	文献量/篇	累积量/篇	年份	文献量/篇	累积量/篇
1972	27	278	1989	88	1205	2006	777	6898
1973	20	298	1990	98	1303	2007	978	7876
1974	36	334	1991	145	1448	2008	1180	9056
1975	21	355	1992	123	1571	2009	1397	10 453
1976	34	389	1993	144	1715	2010	1460	11 913
1977	38	427	1994	151	1866	2011	1706	13 619
1978	34	461	1995	186	2052	2012	1849	15 468
1979	33	494	1996	242	2294	2013	2032	17 500
1980	36	530	1997	280	2574	2014	2362	19 862
1981	61	591	1998	294	2868	2015	2437	22 299
1982	86	677	1999	337	3205	2016	2618	24 917
1983	54	731	2000	398	3603	2017	2749	27 666
1984	52	783	2001	412	4015	2018	2933	30 599
1985	91	874	2002	400	4415	2019	3395	33 994
1986	74	948	2003	512	4927	2020	3885	37 879
1987	77	1025	2004	557	5484			
1988	92	1117	2005	637	6121			

从表 3-1 可以看出，国际体力活动领域的研究虽起步较早，但 1900—1990 年发展十分缓慢，年研究成果均低于 100 篇且呈间断式出现。1997—2001 年文献开始连续出现，研究成果也不断增长，但发展速度仍较缓慢，每年的研究成果未突破 1000 篇。从 2008 年开始，国际体力活动研究进入了一个相对较快的发展时期，发展速度明显提升，每年的发文量开始突破 1000 篇，2020 年 3885 篇发文量达到了历史峰值，约相当于 1990 年的 39.64 倍和 1997 年的 13.88 倍。图 3-1 是根据 Web of Science 数据所整理的国际体力活动研究文献的年度变化趋势图。

此外，为进一步揭示国际体力活动研究的发展概况，本文将体力活动研究 120 余年发展史划分为 20 世纪 80 年代前（1900—1980 年）、20 世纪 80 年代（1981—1990 年）、20 世纪 90 年代（1991—2000 年）、21 世纪 10 年代（2001—2010 年）、21 世纪 20 年代后（2011—2020 年）几个时间段，并分别统计了各时间段的发文量、年均发文量等统计指标（表 3-2）。

表 3-2 清晰地揭示了国际体力活动研究文献的年代分布特征，为进行研究历史的阶段划分提供了依据。

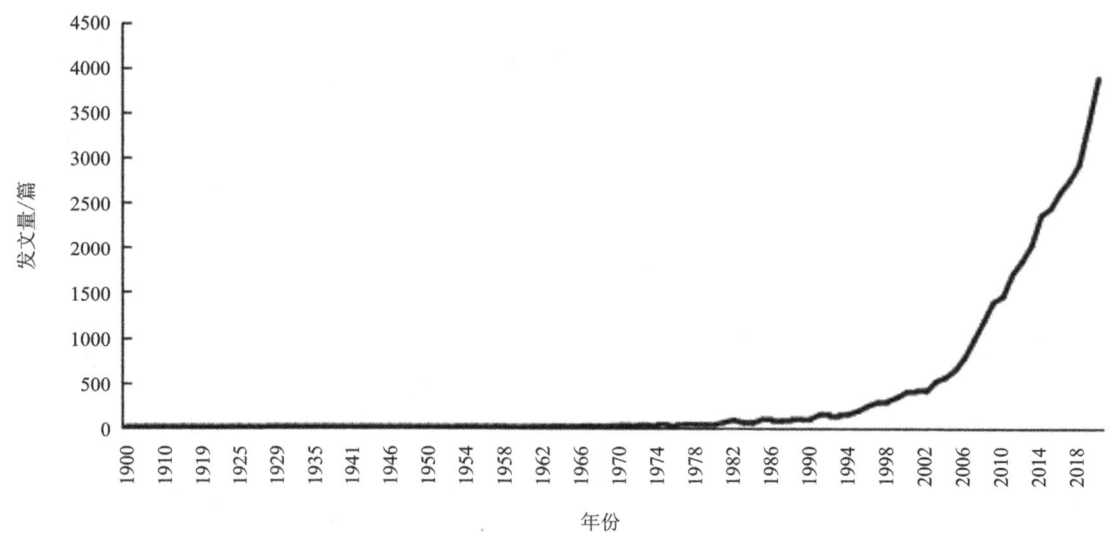

图 3-1 国际体力活动研究年度发文量变化趋势图

表 3-2 不同时段国际体力活动研究文献的分布状况

参数	20 世纪 80 年代前	20 世纪 80 年代	20 世纪 90 年代	21 世纪 10 年代	21 世纪 20 年代	总计
发文量/篇	530	773	2300	8310	25 966	37 879
占比/%	1.4	2.0	6.1	21.9	68.6	100
年均发文量/篇	6.54	77.3	230	831	2 596.6	313.1

3.1.2 国际体力活动研究的阶段划分

任何一个研究领域的进步和发展都不大可能是呈稳定的线性态势,基本都具有阶段性的特征。因此应对学科领域所产出的文献进行全面的时空层面统计,并运用合适的数学模型进行拟合数理分析。这对于评估该学科的当前状况、预测其未来发展的动态具有现实意义。

被誉为"科学计量学之父"的普赖斯曾提出科学文献增长的四阶段理论,为国际体力活动研究的发展研究提供了可靠的科学理论基础。以文献数据为依据的数理分析可用于研究科学文献增长的特点。由于对与一门学科社会学认识及研究发展过程处于不同时期,以年为分期的数据容易受到不同自变量的影响,难以选择合适数理模型进行描述,而选择更长时间阶段的累计数据进行观察,可以更好地表现出该学科的发展规律。

通过对本文数据来源中的国际体力活动研究历年来的发文量,结果显示 1900—1962 年间的总发文量仅有 115 篇,且每年未有超过 10 篇的发文量,呈现无规律的间短式出现,明显符合普赖斯四阶段理论中第一阶段的特征,1963—1971 年的研究文献持续出现,年发文量在 9~23 篇之间呈波动式的微弱增长,但依然不符合文献数量急剧增加的阶段性特征。

第 3 章 国际体力活动研究的历史脉络

1972—1981 年的文献累计增量虽依然呈波动式的不规律增长，但年文献数量在 1981 年超过了 50 篇，且 1982 年文献数量超过了 80 篇，增长的数量有了显著提升，符合由普赖斯四阶段理论中第一阶段到第二阶段过渡的趋势。但是第二阶段发展特征除了文献急剧增加的特征外，文献的增长必须"较为严格地服从指数增长规律"。因此，分别将 1980—2020 年、1990—2020 年、2000—2020 年的文献累积量增长曲线在 SPSS 20.0 中进行了回归曲线拟合分析，结果显示只有 2000—2020 年阶段的文献增长量服从指数增长规律（图 3-2），且 $R^2 = 0.975$（曲线拟合的精度 R^2 是验证一个模型拟合优度常用的参数，其值达到 0.870 以上表示拟合效果较为理想，越接近于 1 则拟合效果越好）。由于 2000—2020 年仅有 21 年的发展阶段，文献累计量仍在快速增长，且不具备普赖斯科学增长理论中对第三阶段文献累计增量呈线性增长特征的描述，因此可判断该时期处于国际体力活动研究领域的快速增长时期。通过以上的研究和讨论，将 1900—2000 年称为形成期，2000 年后称为快速发展期。为更具体地理解国际体力活动研究的发展，根据国际体力活动研究文献增量的特点，可将形成期再划分为 1900—1962 年（出现少量文献）、1962—1980 年（文献年度累计增量慢速增长）、1980—2000 年（由形成期向快速发展期过渡）3 个阶段。

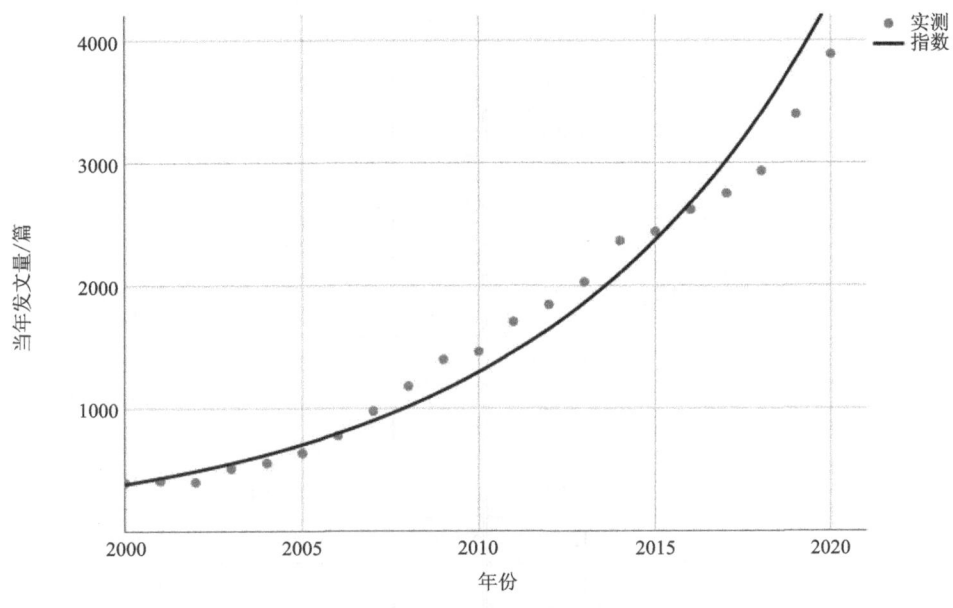

图 3-2　2000—2020 年逐年累计发文量增长曲线拟合图

3.2　国际体力活动研究的空间分布

3.2.1　国际体力活动研究的国家（地区）分布

发文量的年度变化趋势反映了某学科或领域研究的时间分布状况，而不同国家（地区）的发文量则能够反映研究空间分布状况。本研究的数据集文献 37 349 篇中，标注了国家（地区）

的文献共 37 194 篇,共分布在 156 个国家(地区),发文量 100 篇以上的国家(地区)共 39 个(表 3-3),累计发文 50 221 篇,占总发文量的 97.366%,而其他 119 个国家(地区)仅 2.634%,表明国际体力活动科学研究文献的地域分布呈现高度集中与高度离散并存的非均衡性特征。发文总量前 39 名的几乎都为欧美发达国家。究其原因,这些国家都率先完成近代工业革命,占据了科技发展的前沿,国民经济快速发展,推动工业化和城镇化建设加快,人们生活水平显著提高,体力活动作为改善身心健康的手段备受推崇,研究者也从只关注精英运动员的训练水平和成绩转向关注大众的体力活动与身心健康,而各种与体力活动相关的会议举办、学术组织和刊物创建促进了体力活动研究的快速发展。

表 3-3 国际体力活动研究文献的国家(地区)分布

序号	国家(地区)	发文量/篇	占比/%	序号	国家(地区)	发文量/篇	占比/%
1	美国	14 164	27.174	21	韩国	562	1.078
2	英国	5110	9.804	22	爱尔兰	426	0.817
3	澳大利亚	3927	7.534	23	新西兰	390	0.748
4	加拿大	3631	6.966	24	希腊	336	0.645
5	西班牙	1791	3.436	25	奥地利	281	0.539
6	荷兰	1779	3.413	26	土耳其	271	0.520
7	德国	1763	3.382	27	南非	265	0.508
8	中国	1609	3.086	28	智利	245	0.470
9	巴西	1493	2.864	29	伊朗	244	0.468
10	瑞典	1393	2.672	30	以色列	201	0.386
11	法国	1183	2.270	31	墨西哥	191	0.366
12	挪威	1035	1.986	32	印度	183	0.351
13	芬兰	1032	1.980	33	新加坡	182	0.349
14	意大利	1020	1.957	34	捷克	180	0.345
15	日本	973	1.867	35	沙特阿拉伯	163	0.313
16	丹麦	903	1.732	36	哥伦比亚	149	0.286
17	比利时	890	1.707	37	匈牙利	142	0.272
18	瑞士	686	1.316	38	爱沙尼亚	137	0.263
19	葡萄牙	586	1.124	39	马来西亚	137	0.263
20	波兰	568	1.090				

注:对于国家间合作论文,WOS 中各参与国分别计算,故表中国家(地区)出现频次之和为 52 124 次,所占比例也均以此为基准。

如表 3-3 所示,国际体力活动研究文献的国家(地区)分布大都以欧美发达国家为主,其中美国发文量达 14 164 篇,占文献总量的 27.174%,处于近 40 年来国际体力活动研究的核心地位。20 世纪 60 年代,美国冠心病的死亡率居高不下,医务人员和专家对于冠心病的病因知之甚少,仅限于剧烈运动是促使心脏病突发诱因的常规判断,很大程度上限制了对风险人群的评估以及体力活动安全级别划分等工作的开展。一方面对体力活动的需求不断增加,另一方面又不得不担忧运动带来的风险,这对矛盾体的碰撞最终促成了美国政府体力活动相关政策的制定。其中《2018 年美国体力活动指南》成为美国国民体力活动和健身提供了科学指导,《国民体力活动计划 2016—2020 年》中提出注重评估的价值、体力活动促进项目策划、各个州体力活动促进与治理的灵活性,强调以社区体力活动促进作为计划的重点。美国 *Healthy People 2020* 报告指出,大约 36% 的成年人不从事任何休闲时间里的体育活动;疾病控制中心(CDC)数据显示,超过 15% 的美国成年人缺乏身体活动,肥胖问题导致美国每年死亡人数达 28 万人,以及 1470 亿美元的医疗成本(Allison et al.,1999;Finkelstein et al.,2009),此现状很大程度上促进了美国体力活动研究领域的快速发展;加上美国是当今世界科学的中心,其各个学科领域的研究水平均较高,体力活动研究的深度和广度居世界前列。另外,WOS 数据库收录的期刊多以美国期刊为主,从而使其在体力活动领域的发文量占有得天独厚的优势。

英国、澳大利亚与加拿大的发文量所占比例均超过了文献总量的 5%,它们也是国际体力活动研究较为活跃的国家。随着这些国家城市化进程的不断加快和产业结构的调整,更多劳动者从体力劳动转向技术性劳动,从事轻体力活动的人数呈线性增加,职业性体力活动能耗在身体总能量消耗中所占比例越来越小。特别是近 20 年来,职业性、交通性和家务性体力活动强度普遍下降,对体力活动能耗总量的贡献越来越低,而休闲性体力活动又没有得到相应提高,致使当代人类体力活动不足的发生率始终处于一个较高的水平。例如:1994—2005 年加拿大成年男性休闲性体力活动水平下降了 9.94%(95% CI:9.89%~9.98%),交通性体力活动水平降低了 15.31%(95% CI:15.26%~15.35%)(Juneau and Potvin,2010);澳大利亚成年人平均每天有 9.3h 处于久坐不动状态,约占醒着时间的 71%,而花在休闲性体力活动的时间只占醒着时间的 4%(Owen et al.,2010)。说明这些国家人口的体力活动不足,对健康的威胁与日俱增,它们需要更多时间投入体力活动研究领域,制定相关政策和采取相关行动去减缓和遏制此现象,从而促进国民参与体力活动。

标注国家为中国的文献共 1609 篇,所占比例仅为 3.086%,发文机构主要集中在香港大学、上海体育学院(现上海体育大学)、香港浸会大学、北京大学以及上海大学等经济发达的地区机构,施引文献 10 747 篇(去除自引),被引频次 13 233 次。从研究内容上来看,研究最多的是有关体力活动的现状及其与各类疾病的相互关系,呈现以健康为主线的相关研究,主要为生理方面的研究,而心理方面的研究尚且不足;从研究对象上来看,有成年人到各个人群,男性、女性、孕妇、学龄前儿童等,但对老年人的研究较少,且相关的量表也更倾向于青少年,对于儿童、老年人则缺乏相关适合的测量量表,对于这两类人群的研究缺乏一定的精确性,并且老弱病残孕等特殊群体也是具有体力活动需求的,关于特殊但相关研究缺乏;从研究方法上来看,体力活动研究方法单一,实验法居多;从研究趋势上来看,初期借鉴以国外经验的国家居多。目前我国关于体力活动的研究更加微观化,研究不再只是主体本身,更多的是分析主体所处的环境及发生的背景。虽然我国对体力活动研究的深度和广度都有所增加,但相比于西方国家而言,我国体力活动领域的科研工作者应瞄准国际研究前沿,克服语言障碍,撰写出更多高质量的论文并在国际性期刊上发表,以提高我国体育科研的国际能见度及影响力,为建设体育科技强国做出应有的贡献。

3.2.2 国际体力活动研究的机构分布

科研机构或者高等院校在体力活动研究方面的发文量能够体现这一领域科研能力的强弱。据统计,本研究收集的 37 349 篇体力活动相关文献中,共涉及 15 084 个研究机构(统计数据时各大学的附属研究机构及附属医院均统一归类,未进行二级单位的划分),发文量前40 所的研究机构见表 3-4。

表 3-4 国际体力活动研究发文量前 40 所的研究机构一览表

序号	机构	发文量/篇	占比/%
1	加利福尼亚大学系统	2378	6.367
2	南卡罗来纳大学系统	2217	5.936
3	北卡罗来纳州立大学	1983	5.309
4	哈佛大学	1691	4.528
5	伊利诺伊大学系统	1635	4.378
6	得克萨斯大学系统	1632	4.370
7	明尼苏达大学系统	1053	2.819
8	华盛顿大学	930	2.490
9	伦敦大学	802	2.147
10	加州州立大学系统	801	2.145
11	亚利桑那州立大学	710	1.025
12	美国国立卫生研究院	700	1.874
13	悉尼大学	663	1.775
14	昆士兰大学	653	1.748
15	卡罗琳学院	645	1.727
16	不列颠哥伦比亚大学	594	1.590
17	多伦多大学	591	1.582
18	阿尔伯特大学	568	1.520
19	剑桥大学	555	1.486
20	曼彻斯特大学	517	1.384
21	迪肯大学	513	1.374
22	圣地亚哥州立大学	510	1.365
23	匹兹堡大学	508	1.360
24	斯坦福大学	501	1.341
25	渥太华大学	496	1.328

第 3 章 国际体力活动研究的历史脉络

续表 3-4

序号	机构	发文量/篇	占比/%
26	阿姆斯特丹自由大学	493	1.320
27	伦敦大学学院	485	1.300
28	根特大学	466	1.248
29	美国疾病控制与预防中心	452	1.210
30	南丹麦大学	431	1.154
31	布莱根妇女医院	419	1.122
32	哥本哈根大学	414	1.108
33	法国国家健康与医学研究所	392	1.050
34	佐治亚大学系统	391	1.047
35	于韦斯屈莱大学	391	1.047
36	布里斯托大学	391	1.047
37	华盛顿哥伦比亚特区退伍军人事务部	385	1.031
38	鲁汶大学	385	1.030
39	退伍军人健康管理局	376	1.007
40	佛罗里达州立大学系统	372	1.000

注：此处研究机构均为大学（包括同一大学的分校及附属研究中心归为一所大学）及独立机构。

15 084 个研究机构平均发文量 2.48 篇，其中发文量在 370 篇以上的研究机构共 40 所，占比不到所有研究机构数量的 1%，共发文 30 089 篇，占本研究收录文献比的 80.56%；剩下的 15 044 个机构，约占所有研究机构总数的 99%，发文量占本研究收录文献 19.44%。发文量前 40 所的研究机构以不到所有机构研究总数的 1% 发了 80.56% 文章，可以说明，关于体力活动的研究两极分化严重，剩下 99% 的研究机构在研究领域亟需发力。

据统计，发文量前 40 所的研究机构均来自发达国家，且 95% 以上都是大学或其附属研究中心及医院，其余 5% 多为独立设置的研究所或者医院，表明高等院校或其附属研究中心及医院是国外体力活动研究的主要阵地。来自英国或美国的加利福尼亚大学系统、南卡罗来纳大学系统、北卡罗来纳州立大学、哈佛大学、伊利诺伊大学系统、得克萨斯大学系统、明尼苏达大学系统、华盛顿大学、伦敦大学和加州州立大学系统等 10 家研究机构的发文量相对较高，发文量总数均超过了 800 篇，是国际体力活动研究领域的知识高地。

发文量占据前 3 的机构中，加州大学系统在 James、Cain、Terry、Eric、Loki、Gegory、Adrian、Kevin 和 Michael 等多位教授的努力下占据了体力活动研究领域发文量的第一位。南卡罗来纳大学系统在阿诺德公共卫生学院 Pate 教授和刘继红教授的带领下在体力活动研究领域也颇有建树；北卡罗来纳州立大学在吉林斯全球公共卫生学院 Evenson 教授的带领下也在体力活动的相关研究中获得了颇为丰硕的成果，可以看出这些研究机构在体力活动相关研究中占有明显的优势。此外，因为体力活动的研究与多种慢性疾病的预防与治疗相关，所以这些研究大都受到美国卫生与公共服务、美国疾病预防与控制中心、美国国家血液研究所和国家儿童健康与人类发展研究所的基金资助。

需要说明的是，我国（包括港澳台地区）关于体力活动研究的文献量所占比例仅为4.31%，与我国的国际政治、经济，特别是体育大国的地位极不匹配，侧面说明我国关于体力活动的研究机构不占数量优势。中国进行体力活动研究的机构98%以上都位于大陆地区，大陆地区在体力活动研究之中发文量占据前列的是上海体育学院、北京大学、上海交通大学、中国疾控中心、浙江大学和中山大学等，不在其列的部分高校也对体力活动研究进行了不同程度的研究。

港澳台地区的体力活动相关研究机构不仅存在着研究力量偏弱的问题，还存在着研究力量分布不均的问题。其中香港大学、香港浸会大学、香港中文大学、香港理工大学走在了体力活动研究的前列，主要是由于这些大学与国际接轨，高校中有不少外籍教授，从而对香港地区的引领起了作用；在台湾地区，高雄师范大学和台中教育大学等对体力活动研究有较大的发言权；而澳门地区在体力活动的研究中尚未取得明显的成果，亟须相关的研究机构进行深耕。

3.2.3 国际体力活动研究的作者分布

科学的发展离不开科学家的努力，特别是高产作者对科学发展的贡献不可忽视。稳定的研究群体是国际体力活动研究的基础与保证，是推动体力活动研究的重要力量。本研究数据集37 349篇文献中有37 324篇包含作者字段，25篇该字段缺省，共有非重复作者89 943人，人均发文0.42篇。表3-5列出了发文量排序前40位的作者，是国际体力活动研究领域最活跃的研究主体，是体力活动研究保持旺盛生命力的中坚力量。发文量100篇以上（含100篇）的高产作者共37位，其中美国14位，澳大利亚8位，英国、比利时、加拿大各3位，中国、挪威、瑞典、葡萄牙、巴西和芬兰各1位，反映了美国在国际体力活动研究领域较为领先。Sallis J. F.、Ekelund U.、Pate R. R.和De Bourdeaudhuij I.在1981—2020年的发文量明显高于其他作者，分别达到了300篇、253篇、229篇和194篇，是国际体力活动研究杰出的领军人物。

表3-5 国际体力活动研究领域的高产作者统计表

序号	作者姓名	发文量/篇	所属研究机构	所属国家
1	Sallis J. F.	300	圣地亚哥州立大学	美国
2	Ekelund U.	253	斯堪大学	瑞典
3	Pate R. R.	229	南卡罗来纳大学	美国
4	De Bourdeaudhuij I.	194	根特大学	比利时
5	Bauman A.	176	悉尼大学	澳大利亚
6	Evenson K. R.	175	北卡罗来纳州立大学	美国
7	Motl R. W.	174	阿拉巴马大学伯明翰分校	美国
8	King A. C.	173	斯坦福大学	美国
9	Brage S.	170	剑桥大学	英国
10	Blair S. N.	166	南卡罗来纳大学	美国

续表 3-5

序号	作者姓名	发文量/篇	所属研究机构	所属国家
11	Salmon J.	152	迪肯大学	澳大利亚
12	Mcauley E.	150	伊利诺伊大学	美国
13	Rhodes R. E.	148	维多利亚大学	加拿大
14	Mota J.	143	波尔图大学	葡萄牙
15	Courneya K. S.	141	阿尔伯塔大学	加拿大
16	Katzmarzyk P. T.	141	彭宁顿生物医学中心	美国
17	Plotnikoff R. C.	136	纽卡斯尔大学	澳大利亚
18	Owen N.	134	斯威本科技大学	澳大利亚
19	Tremblay M. S.	133	安大略省东部儿童医院	加拿大
20	Dowda M.	132	南卡罗来纳大学	美国
21	Ainsworth B. E.	131	上海体育学院	中国
22	Andersen L. B.	130	西挪威应用科技大学	挪威
23	Lee I. M.	129	哈佛医学院	美国
24	Loprinzi P. D.	125	密西西比大学	美国
25	Hallal P. C.	124	佩洛塔斯联邦大学	巴西
26	Jago R.	124	布里斯托大学	英国
27	Duncan M. J.	115	纽卡斯尔大学	澳大利亚
28	Brown W. J.	111	宾夕法尼亚州立大学	美国
29	Marcus B. H.	111	布朗大学	美国
30	Cardon G.	110	根特大学	比利时
31	Lubans D. R.	110	纽卡斯尔大学	澳大利亚
32	Vandelanotte C.	110	中央昆士兰大学	澳大利亚
33	Trost S. G.	108	昆士兰理工大学	澳大利亚
34	Tudor-locke C.	108	马萨诸塞大学	美国
35	Vancampfort D.	107	鲁汶大学	比利时
36	Stubbs B.	105	伦敦国王学院	英国
37	Kujala U. M.	100	于韦斯屈莱大学	芬兰
38	Mckenzie T. L.	99	圣地亚哥州立大学	美国
39	Brownson R. C.	98	华盛顿大学	美国
40	Van Sluijs E. M. F.	98	剑桥大学	英国

发文量最多的是美国罗伯特·伍德·约翰逊基金会(Robert Wood Johnson Foundation)"活跃生活"研究项目("active living" research)的主任、加州大学圣地亚哥分校庭医学和公共卫生系(Department of Family Medicine and Public Health at University of California, San Diego)的杰出教授Sallis J. F.。Sallis J. F. 在多家期刊的编辑委员会任职,是社会科学界被引用最多的作家之一,曾获得总统运动、健身和营养委员会(President's Council on Fitness, Sports, and Nutrition, PCFSN)颁发的终身成就奖。Sallis J. F. 主要研究兴趣是促进体育活动,了解政策和环境对身体活动、营养和肥胖的影响,2000年以来的研究重点是建筑环境政策与体育活动的相关程度,目的是给创建促进人人体育的社区提供证据。他认为,技术进步是人们活动水平降低的根本原因,这些技术进步减少或消除对工作(计算机)、交通(汽车)、家用(电器)和休闲(电视、互联网、视频游戏)生活领域体育活动的需要。他在Web of Science共有文献388篇,被引共39 025次,篇均100.58次,H指数为90,被引量最高的3篇文献分别为:*Physical activity and public health a recommendation from the centers for disease control and prevention and the american college of sports medicine*(WOS被引次数为4947次,谷歌学术被引次数为11 231次)、*An ecological approach to creating active living communities*(WOS被引次数为1645次,谷歌学术被引次数为3091次)、*Correlates of adults' participation in physical activity: review and update*(WOS被引次数为1421次,谷歌学术被引次数为3611次)。

发文量第二位的是美国运动医学学院(American College of Sports Medicine, ACSM)的院士、ACSM执行董事会的国际理事(2016—2019年)、MRC(医学研究委员会 Medical Research Council)流行病学(MRC Epidemiology Unit)小组的研究科学家和组长(2003—2012年)、《运动与运动中的医学与科学》(*Medicine and science in sport and exercise*)和《体育活动与健康杂志》(*Journal of physical activity and health*)编辑委员会成员Ekelund U.。Ekelund U. 于2002年在瑞典斯德哥尔摩卡罗林斯卡学院获得博士学位,随后在英国剑桥大学医学研究委员会流行病学组获得1年博士后职位,研究侧重于久坐时间、身体活动和非传染性疾病在整个生命过程中之间的关联。他在Web of Science共有文献461篇,被引共28 872次,篇均62.63次,H指数为76。代表作有*Global physical activity levels: surveillance progress, pitfalls, and prospects*(WOS被引次数为2596次,谷歌学术被引次数为5584次)、*Worldwide trends in body-mass index, underweight, overweight, and obesity from 1975 to 2016: a pooled analysis of 2416 population-based measurement studies in 128.9 million children, adolescents, and adults*(WOS被引次数为2361次,谷歌学术被引次数为3881次)和*Trends in adult body-mass index in 200 countries from 1975 to 2014: a pooled analysis of 1698 population-based measurement studies with 19.2 million participants*(WOS被引次数为2251次,谷歌学术被引次数为3558次)。

发文量第三位的是美国运动生理学家、国家体育活动计划联盟主席、南卡罗来纳大学阿诺德公共卫生学院运动科学系教授Pate R. R.,曾担任阿诺德公共卫生学院研究副院长、卫生科学副教务长、运动科学系主任等职务。Pate博士曾在多个委员会任职,如饮食指南咨询委员会(Dietary Guidelines Advisory Committee)(2005年)、体育活动指南咨询委员会(Physical

Activity Guidelines Advisory Committee)(2008 年)等。1995 年,在 Pate 博士的协同努力下,体力活动和疾病预防控制中心(Physical Activity and Public Health of the CDC)与美国运动医学学院(ACSM)提出了体育活动和公共健康建议,2012 年获得了 ACSM 颁发的荣誉奖。一直以来,Pate 博士都对儿童的体育活动和体能以及体育活动对健康的影响感兴趣,在 Web of Science 共有文献 554 篇,被引共 42 921 次,篇均 77.47 次,H 指数为 87。被引最高的 3 篇文献分别是 *Physical activity and public health-updated recommendation for adults from the American college of sports medicine and the American heart association*(WOS 被引次数为 5428 次,谷歌学术被引次数为 12 383 次)、*Physical activity and public health a recommendation from the centers for disease control and prevention and the american college of sports medicine*(WOS 被引次数为 4947 次,谷歌学术被引次数为 11 231 次)和 *Exercise and physical activity in the prevention and treatment of atherosclerotic cardiovascular disease-a statement from the council on clinical cardiology (subcommittee on exercise, rehabilitation, and prevention) and the council on nutrition, physical activity, and metabolism (subcommittee on physical activity)*(WOS 被引次数为 1733 次,谷歌学术被引次数为 3062 次)。

发文量第四位的是比利时临床心理学家、运动和体育科学系的教授、健康心理学博士 De Bourdeaudhuij I.,他的研究领域是促进健康饮食和身体活动。他在 Web of Science 共有文献 660 篇,被引共 25 086 次,篇均 38.01 次,H 指数为 81。在 WOS 上被引最高的 3 篇文章为:*Physical activity in relation to urban environments in 14 cities worldwide: a cross-sectional study*(WOS 被引次数为 468 次,谷歌学术被引次数为 811 次)、*How many steps/day are enough? For older adults and special populations*(WOS 被引次数为 401 次,谷歌学术被引次数为 742 次)和 *Are health behavior change interventions that use online social networks effective? A systematic review*(WOS 被引次数为 351 次,谷歌学术被引次数为 659 次)。

对 40 年来参与国际体力活动研究的作者及文献量进行逐年统计,结果显示数量均呈上升趋势,并在 2010 年以后出现爆发式的增长。作者人数的激增也意味着国际上对于体力活动研究的重视(表 3-6)。另外,越来越多的研究人员认识到团队合作对科学研究的重要性,研究人员的合作和联系日趋频繁,合作文献的增多通常被认为是科研合作增长的一个标志。据统计,37 349 篇文献的篇均作者数达到了 2.41 位。

表 3-6 1981—2020 年国际体力活动研究作者人数与文献量一览表

年份	文献量/篇	作者人数/人	年份	文献量/篇	作者人数/人	年份	文献量/篇	作者人数/人
1981	61	153	1986	74	229	1991	145	471
1982	86	210	1987	77	245	1992	123	407
1983	54	174	1988	92	316	1993	144	462
1984	52	171	1989	88	292	1994	151	513
1985	91	263	1990	98	337	1995	186	606

续表 3-6

年份	文献量/篇	作者人数/人	年份	文献量/篇	作者人数/人	年份	文献量/篇	作者人数/人
1996	242	841	2005	637	2407	2014	2362	9794
1997	280	983	2006	777	3067	2015	2437	10 479
1998	294	959	2007	978	3748	2016	2618	11 577
1999	337	1124	2008	1180	4367	2017	2749	12 642
2000	398	1270	2009	1397	5224	2018	2933	13 517
2001	412	1454	2010	1460	5621	2019	3395	16 745
2002	400	1461	2011	1706	6874	2020	3885	18 382
2003	512	1944	2012	1849	7623			
2004	557	2042	2013	2032	8368			

注：因每年发文作者具有重复，因此作者数之和为 157 362 人，大于非重复作者数。

3.2.4 国际体力活动研究的来源出版物分布

来源出版物是指刊载文献的杂志、期刊或图书等，同一科学领域不同的出版物研究偏好和侧重方向有所不同，分析对比国际体力活动研究的来源出版物刊载文献量可知该出版物对于这一领域研究的程度，方便读者能够快速了解体力活动研究进展现状及前沿热点，也说明了该杂志或期刊在这一领域的权威性和含金量，为广大从事体力活动的科研人员提供了一系列参考与投稿的平台。

本研究数据中的 37 349 篇文章来自 15 085 种出版物，其中发文量在 300 篇及以上的有 12 种（表 3-7），文献量共计达到 7753 篇，占全部期刊引文总的 20.77%；发文量 300 篇以下的各期刊杂志对体力活动都有相应的研究，研究成果出产丰富且来源分布较广。文献刊载量排名前 3 的是 Journal of Physical Activity & Health（JPAH）、BMC Public Health（BMC PH）、Medicine and Science in Sports and Exercise（MSSE）杂志，在国际领域是研究体力活动的重要刊载平台，是研究者重点关注的期刊。

表 3-7 国内外体力活动研究领域的主要来源出版物一览表

序号	来源出版物	文献量/篇	占比/%	IF
1	Journal of Physical Activity & Health（《体力活动与健康杂志》）	1290	3.467	2.592
2	BMC Public Health（《英国医学中心公共卫生》）	988	2.645	3.295
3	Medicine and Science in Sports and Exercise（《运动与运动中的医学与科学》）	853	2.284	5.411
4	International Journal of Environmental Research and Public Health（《国际环境杂志研究与公共卫生》）	779	2.086	3.390
5	International Journal of Behavioral Nutrition and Physical Activity（《国际行为营养和身体活动杂志》）	739	1.979	6.457

续表 3-7

序号	来源出版物	文献量/篇	占比/%	IF
6	Plos One(《公共科学图书馆:综合》)	715	1.914	3.240
7	Preventive Medicine(《预防医学》)	691	1.850	4.018
8	American Journal of Preventive Medicine(《美国预防医学杂志》)	405	1.084	5.043
9	Journal of Aging and Physical Activity(《老年与体力杂志》)	355	0.950	1.961
10	Research Quarterly for Exercise and Sport(《运动与体育研究季刊》)	331	0.886	2.500
11	Pediatric Exercise Science(《儿科运动科学》)	307	0.822	2.333
12	BMJ Open(《英国医学杂志》)	300	0.803	2.692

《体力活动与健康杂志》(JPAH)是国际体力活动与健康协会(International Society for Physical Activity and Health,ISPAH)的官方刊物,由国际著名体育与健康出版商 Human Kinetics Publishers 出版。JPAH 是一本跨学科、同行评议的杂志,专为慢性病(如癌症、心脏病、心理健康、体重控制、神经功能缺损等)领域的研究人员而出版的,致力于研究体力活动与健康之间关系,特别是体力活动在预防、治疗或康复中的重要作用,影响因子为 2.592,5 年内影响因子 2.752。从 2004 年至今发表了大量相关体力活动与健康的原始研究和文献评论,报载体力活动研究并展示研究成果。该杂志发表文章研究体力活动是如何影响人体健康的各个方面,并约稿一些调查行为、社会和环境干预措施的论文,研究可能影响个人或人群体力活动的因素。本研究数据集中共有 1290 篇来自该刊物,约占全部文献的 3.5%。

ISPAH 以推动全人类都能获得参与体力活动和进行积极生活的机会为愿景和使命,通过在科学、教育、能力建设和宣传方面的卓越表现来促进体力活动成为全球健康优先事项,研究、改进并传播关于体力活动与公共卫生健康知识和政策,践行各国实现世界卫生组织(WHO)到 2030 年将成年人缺乏体力活动的普遍程度降低 15% 的全球目标。ISPAH 组建 The Global Observatory for Physical Activity(GOPA,全球体力活动观察站),于 2012 年成立。GOPA 是一个由体力活动研究人员、公共卫生政策制定者和实践者组成的全球网络,对体力活动和健康的全球数据进行分类和分析,监测、研究并制定全球范围内的体力活动的政策。GOPA 以英文形式提供来自 162 个国家的信息,并为特定国家翻译成 29 种语言,对应全球覆盖率达 74.7%,它的最终目标是减少因缺乏体力活动而造成的全球死亡率和发病率。

刊载量 998 篇占整体研究排名第二的杂志《英国医学中心公共卫生》(BMC PH)于 2001 年首次发文,是一份开放获取、同行评审的期刊,它致力于研究并刊载关于疾病流行病学对公共卫生各个方面影响的文章。该杂志特别关注健康的决定因素(社会、疾病、环境和职业等)以及健康政策、实施干预对社会大众健康的影响,但 BMC PH 不发表关于健康和体力活动的临床研究。该期刊影响因子 3.295,占整体来源数据的 3.295%。值得注意的是,杂志《运动与运动中的医学与科学》(MSSE)影响因子高达 5.411,在发文 300 篇以上的 12 种刊物里排名第二。

体力活动是人类公共卫生健康领域不可或缺的一部分,对于人类整体健康水平意义极其重大,与体育运动学科息息相关。自21世纪以来国际上对于体力活动研究成果颇为丰硕,国际体力活动研究的重视程度与产出数量呈爆炸式增长,期刊来源出版物是广大研究者不可忽视的研究重点。

3.2.5 国际体力活动研究的学科分布

对国际体力活动研究文献的学科分布进行分析,可以清楚体力活动研究所依据的理论来源和应用领域,同时可揭示体力活动与各学科知识之间的关联。体力活动的研究共涉及的学科共231个。通过表3-8得出,公共环境与职业健康(Public Environmental Occupational Health)发文量达到了10 165篇,排第一位,占总量的27.22%;其次是体育科学(Sport Sciences),有5813篇,占比为15.56%;营养学(Nutrition Dietetics,2889篇)、普通内科(Medicine General Internal,2871篇)、生理学(Physiology,1971篇)、康复学(Rehabilitation,1806篇)、内分泌与代谢(Endocrinology Metabolism,1716篇)、儿科学(Pediatrics,1587篇)、老年病学(Geriatrics Gerontology,1510篇)、肿瘤学(Oncology,1354篇)等学科分列其后。综上分析,体力活动研究文献的学科分布存在集中与离散并存的规律性,同时研究的视野较为宽广,将体力活动置于更为丰富的学科背景下进行跨学科或多学科研究,从不同的角度挖掘体力活动的价值和意义,为国际体力活动研究理论和方法鉴定奠定基础。

表3-8 国际体力活动研究文献的主要学科分布一览表

序号	学科	文献量/篇	占比/%
1	Public Environmental Occupational Health(公共环境与职业健康)	10 165	27.22
2	Sport Sciences(体育科学)	5813	15.56
3	Nutrition Dietetics(营养学)	2889	7.74
4	Medicine General Internal(普通内科)	2871	7.69
5	Physiology(生理学)	1971	5.23
6	Rehabilitation(康复学)	1806	4.84
7	Endocrinology Metabolism(内分泌与代谢)	1716	4.60
8	Pediatrics(儿科学)	1587	4.25
9	Geriatrics Gerontology(老年病学)	1510	4.04
10	Oncology(肿瘤学)	1354	3.63
11	Psychology(心理学)	1228	3.29
12	Health Care Sciences Services(医疗保健及科学服务)	1135	3.04
13	Hospitality Leisure Sport Tourism(酒店休闲体育旅游)	1111	2.96
14	Gerontology(老年医学)	1077	2.88
15	Education Educational Research(教育教学研究)	1033	2.77
16	Environmental Sciences(环境科学)	1025	2.74
17	Psychiatry(精神病学)	975	2.61

第 3 章 国际体力活动研究的历史脉络

续表 3-8

序号	学科	文献量/篇	占比/%
18	Cardiac Cardiovascular Systems（心脏心血管系统学）	964	2.58
19	Multidisciplinary Sciences（多学科科学）	950	2.54
20	Psychology Applied（心理学应用）	937	2.51
21	Nursing（护理）	893	2.39
22	Clinical Neurology（临床神经病学）	841	2.25
23	Psychology Multidisciplinary（心理学多学科）	828	2.22
24	Psychology Clinical（心理临床）	797	2.13
25	Neurosciences（神经科学）	674	1.81
26	Health Policy Services（卫生政策服务）	590	1.58
27	Orthopedics（骨科）	550	1.47
28	Obstetrics Gynecology（妇产科）	487	1.30
29	Medicine Research Experimental（医学研究实验）	482	1.29
30	Peripheral Vascular Disease（周围血管疾病）	462	1.24
31	Rheumatology（风湿病学）	442	1.18
32	Respiratory System（呼吸系统学）	426	1.14
33	Psychology Developmental（心理学与发展）	407	1.09
34	Medical Informatics（医学信息学）	373	1.00
35	Social Sciences Biomedical（社会科学与生物医学）	304	0.81
36	Psychology Experimental（心理学实验）	279	0.75
37	Social Sciences Interdisciplinary（社会科学跨学科）	279	0.75
38	Pharmacology Pharmacy（药理学）	265	0.71
39	Education Scientific Disciplines（教育科学）	264	0.71
40	Surgery（外科）	259	0.69

注：本表根据 WOS 在线统计结果；部分文献署名多个学科，故表中文献总量为 52019。

表 3-8 显示，公共环境与职业健康、体育科学、营养学与普通内科 4 个学科的发文量明显高于其他学科，其中公共环境与职业健康最多。在众多学科中大多是医学类学科，说明体力活动与这 4 个学科的关系较为密切。是否随着学科载文量的递减，体力活动与这些学科间的关系也依次疏远呢？要想了解体力活动与学科间的关系，不仅要看学科载文量的多少，同时还要考虑在体力活动研究发展过程中不同学科进入的时间先后及其随后的变化趋势。

结合表 3-8 与表 3-9 对比国际体力活动研究方向分类可知国际体力活动的研究已形成跨学科联动格局，与公共环境与职业健康、体育科学、营养学、普通内科、生理学、康复学等建立联系，打造新的国际体力活动研究体系。其他学科和领域已有的研究水平和成果不仅为国际体力活动研究提供新鲜视角，而且极大地提升了国际体力活动研究的水平和层次。相较之下，国际体力活动研究中专属体育学科本身的发文量并不是最高位，并未体现出其学科优势，也说明该学科研究自身可能存在局限性。

表 3-9 国际体力活动研究文献的主要研究方向一览表

序号	研究方向	文献量/篇	占比/%
1	Public Environmental Occupational Health(公共环境与职业健康)	10 165	27.22
2	Sport Sciences(体育科学)	5813	15.56
3	Psychology(生理学)	3469	9.29
4	General Internal Medicine(普通内科)	3019	8.08
5	Nutrition Dietetics(营养学)	2889	7.74
6	Physiology(生理学)	1971	5.28
7	Rehabilitation(康复学)	1806	4.84
8	Geriatrics Gerontology(老年病学)	1738	4.65
9	Endocrinology Metabolism(内分泌与代谢)	1723	4.61
10	Pediatrics(儿科学)	1587	4.25
11	Health Care Sciences Services(医疗保健与科学服务)	1409	3.77
12	Social Sciences Other Topics(社会科学及其他专题)	1394	3.73
13	Oncology(肿瘤学)	1354	3.63
14	Neurosciences Neurology(神经科学)	1319	3.53
15	Education Educational Research(教育教学研究)	1293	3.46
16	Cardiovascular System Cardiology(心脏心血管系统学)	1269	3.40
17	Environmental Sciences Ecology(环境科学与生态)	1126	3.02
18	Science Technology Other Topics(科技及其他主题)	1035	2.77
19	Psychiatry(精神病学)	975	2.61
20	Nursing(护理)	893	2.39
21	Orthopedics(骨科)	550	1.47
22	Obstetrics Gynecology(妇产科)	487	1.30
23	Research Experimental Medicine(实验医学研究)	482	1.29
24	Rheumatology(风湿病学)	442	1.18
25	Respiratory System(呼吸系统学)	426	1.14
26	Medical Informatics(医学信息学)	373	1.00
27	Engineering(工程学)	363	0.97
28	Biomedical Social Sciences(生物医学及社会科学)	304	0.81
29	Chemistry(化学)	302	0.81
30	Pharmacology Pharmacy(药理学)	285	0.76
31	Biochemistry Molecular Biology(生物化学分子生物学)	259	0.69
32	Surgery(外科)	259	0.69

续表 3-9

序号	研究方向	文献量/篇	占比/%
33	Behavioral Sciences(行为科学)	241	0.65
34	Life Sciences Biomedicine Other Topics(生命科学生物医学及其他专题)	238	0.64
35	Women S Studies(妇女研究)	209	0.56
36	Anthropology(人类学)	200	0.54
37	Urology Nephrology(泌尿外科及肾内科)	200	0.54
38	Food Science Technology(食品科学技术)	171	0.46
39	Computer Science(计算机科学)	153	0.41
40	Hematology(血液学)	127	0.34

注：本表根据 WOS 在线统计结果；部分文献署名多个研究方向，故表中文献总量为 52 318。

第 4 章　国际体力活动研究的合作网络与演进

4.1　国际体力活动研究科研合作的总体状况分析

对国际体力活动研究科研合作的总体状况进行分析,可从宏观上把握国际体力活动研究科研合作模式的总体特征,并为后续不同层次知识主体网络结构特征的形成与演化规律分析奠定基础。

4.1.1　国际体力活动研究文献的合著率与合著强度分析

合著是科学研究中的常见模式,也是科学实践中长期存在的一种普遍现象。一篇论文有适量的合著者,可以充分发挥群体智慧,在知识结构与广度等方面相互取长补短,提高研究成果水平(邱均平等,2009)。在科学研究领域常用来表示合著程度的指标有合著率和合著强度。其中:合著率是指某一学科或主题研究领域合著论文数与其全部论文总数的比值,是科学计量学中常用的指标,反映的是该学科或主题领域科研合作的普遍性,计算公式为合著率=(一定时期内相关文献)合作论文数/(一定时期内相关文献)论文总数;合著强度是指某一学科或主题研究领域作者总数与论文总数的比值,即每篇平均作者人数,反映的是该学科或主题领域科研合作的程度,计算公式为合著强度=(一定时期内相关文献)作者总人数/(一定时期内相关文献)论文总数(邱均平等,2009;赵丙军,2013)。当前,随着科学发展的系统性、知识增长的动态性、领域知识的专业性,个体学者很难具有全部的专业知识和研究资源去独立完成科学研究,而科研合作作为解决这一问题的一大举措正逐步成为科研领域的常态化事物(邱均平和瞿辉,2011;张秀萍和王振,2017),并客观反映了科学发展的日益专业化(赵君和廖建桥,2013)。

本书以 37 349 篇体力活动研究文献为样本,经数据库下载后共 37 323 条题录信息,删除作者匿名(anonymous)文献 32 篇、无出版年限文献 153 篇后,共获得研究文献 37 138 篇。经统计,37 138 篇国际体力活动研究文献中,独著文献 1641 篇,占文献总量的 4.42%;合著文献 35 497 篇,占文献总量的 95.58%(合著率),揭示出国际体力活动研究领域的科研生产模式以合作研究为主。作者出现总频次 202 668 次,合作强度为 5.46。合作论文中,作者人数最多的有 282 人,作者合著情况见表 4-1。

表 4-1 国际体力活动研究领域科研合作规模统计表

作者人数/人	1	2	3	4	5	6	7	8	9	10	11	12	13	14	15	15人以上
文献数/篇	1641	3745	5419	6237	5604	4689	3085	2136	1384	900	643	463	282	195	159	556
占比/%	4.42	10.08	14.59	16.79	15.09	12.63	8.30	5.75	3.73	2.42	1.73	1.25	0.76	0.53	0.43	1.50

合作研究规模受研究的复杂程度、学科的性质特征、研究经费的多少等多种因素的影响。合作研究是实现科研资源共享、降低科研难度、提高科研产出的数量和质量、交流学术思想及提升科研人员学术地位和声望的重要方式,过小规模的合作研究可能难以高效、圆满地完成科研任务;而过大规模的合作研究又会增加团队组织管理难度,同时提高团队成员间发生利益冲突的概率,并有可能降低合作研究的效率和效益,甚至导致科研合作失败(赵丙军,2013)。因此,不同学科或主题合理研究规模的确立将是科学计量学研究的主要内容之一。图4-1形象直观地展示了国际体力活动研究领域科研合作规模的分布情况。从图中可以看出,2~10人的合作研究共33 199篇,占全部合作论文的89.39%,说明2~10人的合作研究为国际体力活动研究领域主流趋势。4人合著发文量最大,达6237篇,占比16.79%,说明4人合著模式是国际体力活动研究领域相对合理的合作研究规模。

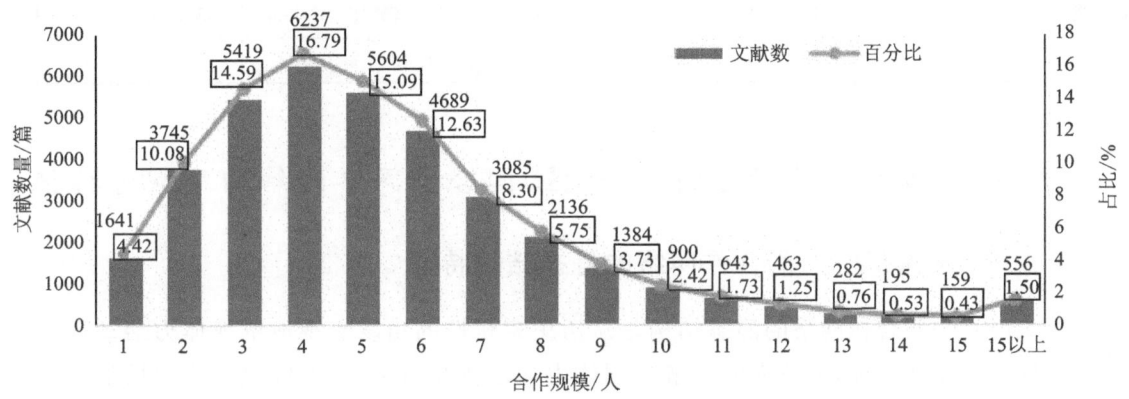

注:图中柱上数据上方为文献数量,下方框数据为各作者人数所占文献百分比。
图 4-1 国际体力活动研究领域科研合作规模分布图

4.1.2 国际体力活动研究科研生产模式的演变趋势

科研生产模式从总体上可分为独立研究和合作研究两大类,其中合作研究又可分为强强合作、强弱合作、弱弱合作3个亚类(赵丙军,2013)。为更深层次的理解和分析40年来国际体力活动研究科研生产模式的发展演变趋势,本研究分10个年段分别统计了其合著率和合著强度(表4-2)。

表 4-2 数据显示,国际体力活动研究文献的合著率呈逐年上升趋势,1981—1985 年段,其作者合著率仅为 75.22%;但后来随着年限和科学技术水平的发展,至 2016—2020 年段,其作者合著率已达 98.10%。同时,合著论文量也呈直线上涨趋势,从 1981—1985 年段的 258 篇合作论文至 2016—2020 年段的 15 103 篇合作论文。另一方面,论文合作强度也发生了巨大提升,从 1981—1985 年段的篇均约 3 人至 2016—2020 年段的篇均约 6 人,论文合作强度增长了一倍。

国际体力活动研究科研模式从 20 世纪 80 年代至今已逐步实现科研人员从独立探索至团队联合的模式转变,且合作性研究日益普遍化、常态化。特别是进入 21 世纪以来,国际体力活动研究文献合著率上涨至 90% 以上,合作强度增至 4 人以上每篇,其总体均呈现快速增长趋势。该数据表明国际体力活动研究随着时间进程的加快、科学技术水平的提高、研究领域内容的拓展,文献合作研究频次逐年升高、合著规模也逐年扩大,其中 2~6 人合作规模最为常见。

表 4-2 国际体力活动研究文献合著率与合著强度变化趋势表

参数	1981—1985 年	1986—1990 年	1991—1995 年	1996—2000 年	2001—2005 年	2006—2010 年	2011—2015 年	2016—2020 年
论文数/篇	343	429	743	1548	2515	5781	10 383	15 396
合著论文数/篇	258	352	630	1335	2317	5454	10048	15103
合著率/%	75.22	82.05	84.79	86.24	92.13	94.34	96.77	98.10
作者总频次/次	1036	1549	2738	6089	11 145	27 804	55 716	96 591
合著强度	3.02	3.61	3.69	3.93	4.43	4.81	5.37	6.27

4.2 国际体力活动研究国家(地区)间合作网络的结构及演进特征

4.2.1 国家(地区)间合作网络的静态结构特征

国家(地区)间合作网络的静态结构是从历史累积性的角度宏观地审视体力活动研究主体知识网络的总体状况,可使人们了解各国体力活动研究情况,还可以厘清该领域的核心国家(地区)群体结构。本研究为对近 40 年体力活动研究领域文献进行合作网络图分析,将 Web of Science 数据库下载的 36 877 篇文献数据导入 Citespace。在 Citespace 参数为 Node Type= country,Time Slicing=2,Top N=30,其他为默认,进行国际体力活动研究国家(地区)间的合作网络知识图谱的可视化分析。由图 4-2 可见,图中共计 81 个节点、421 条连线、图谱网络密度(Destiny)为 0.129 9,表明 81 个国家(地区)具有不同程度的合作。图中节点的大小代表国家(地区)发文量的数量,两者呈正相关关系,节点越大代表发文量越多。据图 4-2 可知,节点最大的 3 个国家分别是美国、英国和澳大利亚,表明这些国家在体力活动研究领域发文量较多,近 40 年来分别发文 10 235 篇、2851 篇和 2415 篇,是当前体力活动研究的主要推动者和引领者。

第 4 章 国际体力活动研究的合作网络与演进

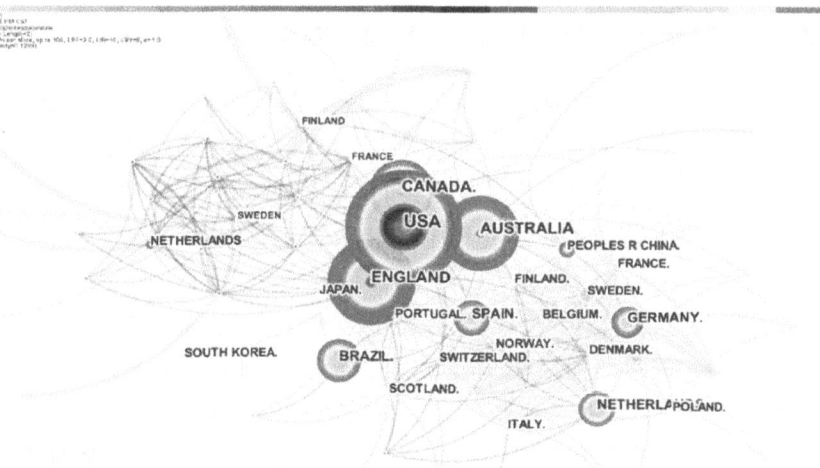

图 4-2 国家(地区)合作网络图谱

节点之间的连线代表国家(地区)之间的共现关系,节点周围的连线数量越多,表示该国家(地区)的中介中心性越强,中心性值是用来表征节点重要性的指标,中心性越大,其影响力往往越大(李洪远和杜志博,2018)。表 4-3 统计了中心性排名前 20 的国家(地区)的发文量和中心性值。依据表 4-3 对国家(地区)中心性进行分析,可知涉足体力活动研究领域的国家(地区)中有 20 个国家(地区)中心性≥0.01,其中有 11 个国家(地区)中心性≥0.05,其他国家(地区)均为 0。中心性最高的国家为英国(0.47)、美国(0.38)和澳大利亚(0.24)次之。说明英国与其他国家合作密切并且研究成果在该领域具有较大的影响力,美国虽在体力活动领域发文量远超过英国,但是中心性却低于美国,说明该国在体力活动研究领域与其他国家(地区)合作较少,且影响力略低于英国。此外,排名前 20 的国家绝大多数为国际上的西方发达国家,其政治、经济制度和文化有一定的相似之处,合作关系较为紧密。而我国是中心性排名前 10 的国家中唯一的发展中国家,虽在体力活动研究领域发文量和质量与发达国家都有一定差距,但称得上是体力活动研究的"新星",发展势头较好。

表 4-3 1982—2020 年各国家(地区)中心性及发文量

序号	国家(地区)	发文量/篇	中心性	序号	国家(地区)	发文量/篇	中心性
1	英国	2851	0.47	11	芬兰	718	0.06
2	美国	10 235	0.38	12	比利时	515	0.04
3	澳大利亚	2415	0.24	13	西班牙	1111	0.03
4	荷兰	1109	0.16	14	挪威	588	0.03
5	中国	836	0.12	15	法国	779	0.03
6	丹麦	539	0.12	16	希腊	196	0.02
7	意大利	631	0.08	17	德国	1010	0.02
8	瑞士	397	0.07	18	巴西	928	0.02
9	瑞典	872	0.07	19	新西兰	201	0.01
10	加拿大	2375	0.07	20	爱尔兰	200	0.01

4.2.2 国家(地区)间合作网络的动态结构及演进特征

国家(地区)间合作网络的动态结构研究可以揭示其历时性的、动态演变特点。为此,本文将 40 年来体力活动训练研究划分为 4 个不同的时段分别进行探究。从图 4-3 可知,随着时间的延续,国际体力研究领域呈现出了全球化的趋势,国家(地区)间的合作网络规模不断增长、节点数和连线数也在不断增加。1992—2001 年时段的网络密度(0.019 0)比 1982—1991 年(0.021 9)时段低,说明该时段研究体力活动领域的国家(地区)数量增长速度高于国家(地区)合作关系的增长速度,表明该时段是以节点数目增加为主要特征。2002—2011 年和 2012—2020 年两个时间段的网络密度出现连续增长,分别为 0.106 7 和 0.280 1,表明这两个时间段已经由以节点数目增加为主要特征转变为以合作关系增加为主要特征,各国之间在体力活动研究领域的合作关系不断加强。此外,从聚集系数来看,第一个时段体力活动研究领域国家(地区)网络结构较为简单且节点较为分散;至第二个时段开始,合作网络开始慢慢形成;至最后一个时段,网络结构日趋复杂,节点也较为集中,各国的合作关系也在不断增强。

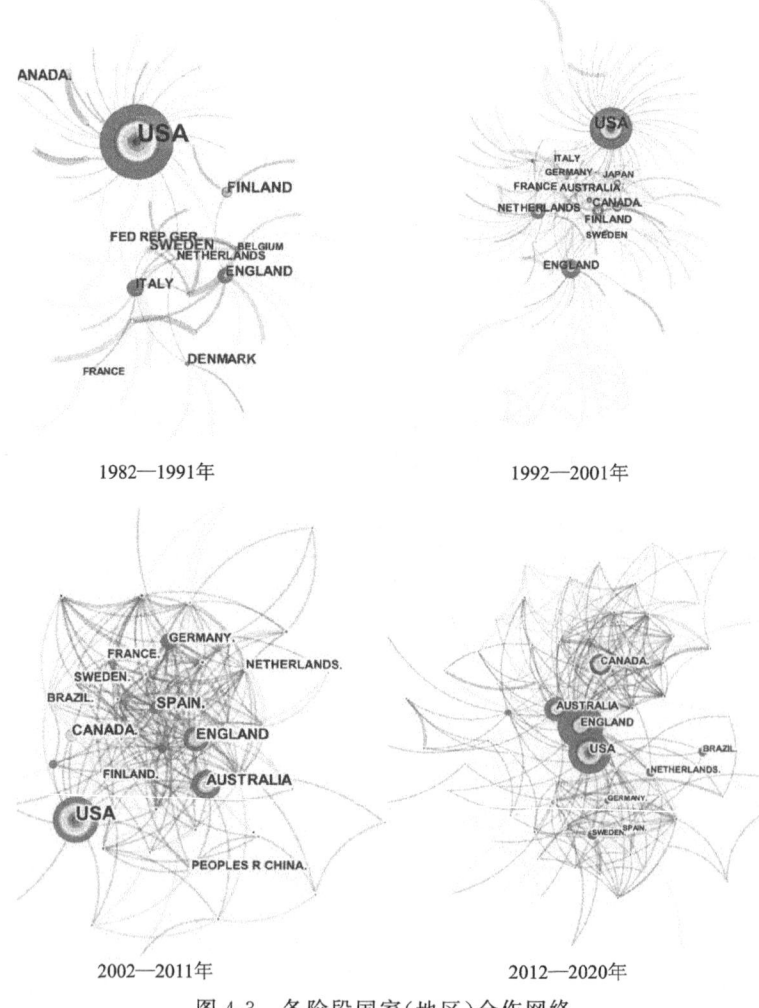

图 4-3 各阶段国家(地区)合作网络

从中心性来看,体力活动研究领域的世界合作格局也在悄然发生变化。据表4-4可见,近40年美国和英国无疑是体力活动研究领域最突出的国家。第一时段,美国、意大利、英国等发达国家占据着国际上体力活动研究的首要位置,发展中国家国际合作较少。第二时段美国仍是合作最多的国家,英国和荷兰赶超意大利分别位居第二位、第三位。第三时段,其他国家间新建立的合作关系部分绕过了美国,从而致使其枢纽地位有所下降,英国一举赶超美国,成为世界上与其他国家合作最多的国家,中国、澳大利亚、法国、德国紧随其后。第四时段英国仍继续保持了国家合作的高热度,而且迅速与美国拉开差距,充当着国际上体力活动研究"领头羊"角色。而我国仅在第三时段排名进入了前10名,且第四时段中心性出现了明显的下降,与其他国家(地区)的差距较大,在与其他国家建立合作方面有待提高。

表4-4 不同时段国家(地区)合作网络中心性前10名

序号	1982—1991年	1992—2001年	2002—2011年	2012—2020年
1	美国/0.94	美国/0.98	英国/0.74	英国/0.31
2	意大利/0.47	英国/0.58	美国/0.74	德国/0.21
3	英国/0.25	荷兰/0.2	澳大利亚/0.18	澳大利亚/0.21
4	加拿大/0.15	瑞典/0.16	中国/0.15	瑞士/0.14
5	比利时/0.12	芬兰/0.14	法国/0.12	美国/0.12
6	丹麦/0.09	德国/0.13	德国/0.07	西班牙/0.12
7	荷兰/0.08	西班牙/0.11	西班牙/0.06	葡萄牙/0.1
8	巴西/0.07	加拿大/0.09	挪威/0.06	斯洛文尼亚/0.09
9	瑞典/0.06	英国/0.08	新西兰/0.06	哥伦比亚/0.09
10	德国/0.06	意大利/0.07	比利时/0.06	意大利/0.07

注:表中数据格式为国家(地区)/中心性。

4.3 国际体力活动研究机构间合作网络的结构及演进特征

4.3.1 研究机构间合作网络的静态结构特征

国际体力活动研究领域机构间合作网络的静态结构是将1982—2020年国际体力活动将近40年的发展史作为一个完整的时间段考虑,从整体上考察相关参与机构间的科研合作状况,分析不同研究机构在合作网络中的地位,探寻国际体力活动研究领域的研究势力格局及核心机构变化。将Citespace参数设置为Node Type=institute,Time Slicing=2,Top 5%,其他为默认。本研究收集的36 877篇国际体力活动相关文献涉及15 011个机构,机构平均发文量约2.46篇。

以机构为网络节点,机构之间共同参与论文发表则以连线表示。如图4-4所示,该图谱共有节点276个,连线819条,图谱网络密度(Density)0.021 6相对较高,表明国际体力活动领域的研究团体合作相对密切。整个网络中共有135个节点具有中心性,涉及体力活动研究领域的机构中有5个机构中心性≥0.1,其中有130个机构中心性≥0.01,其他机构均为0。中心性排序前8名的机构分别为美国国立心肺血液研究所(0.36)、美国国家癌症研究所(National Cancer Institute,NCI)(0.25)、南卡罗来纳大学(0.012)、卡罗琳斯卡学院(0.1)、布里斯托尔大学(0.1)、昆士兰大学(0.09)、剑桥大学(0.09)和明尼苏达大学(0.09),这些机构都是当前国际体力活动研究合作网络联系最为紧密的重要机构。哈佛大学、南卡罗来纳大学、北卡罗来纳州立大学以及伊利诺伊大学之间科研合作紧密;悉尼大学与昆士兰大学构成另外一组联系较为密切的机构合作网络。从表4-5中可知,美国国立心肺血液研究所和美国国家癌症研究所尽管发文量相对不多,但是中心性位列前沿,说明这两所机构在国际体力活动研究领域的研究水平较高,研究成果具有较强的影响力。美国国立心肺血液研究所隶属于美国国立卫生研究院(National Institute of Health,NIH),自1985年开始开展的国家胆固醇教育计划(National Cholesterol Education Program,NCEP)被誉为循证医学的典范,是全球最有影响力的血脂干预指南。它的目标是通过控制人体内胆固醇及各种血脂蛋白的水平降低美国国民患上冠心病的概率,改善国民的心脏健康。童年时期的体力活动不足、超重肥胖与有氧耐力水平低下被认为是成年期慢性心血管疾病发生的重要危险因素(Bürgi et al.,2011),适当的体力活动可以有效地减少疾病中病理性的慢性炎症。美国国家癌症研究所是美国国立卫生研究院所属的27个研究所中历史最悠久的研究所,它的主要任务是采用多元化的运作模式进行相关人员培训、健康资讯传播、拟定探讨癌症致病原因、进行早期诊断和临床治疗的计划以及关注癌症病人的康复等工作,从而推动国家癌症研究计划(National Cancer Program,NCP)的执行。

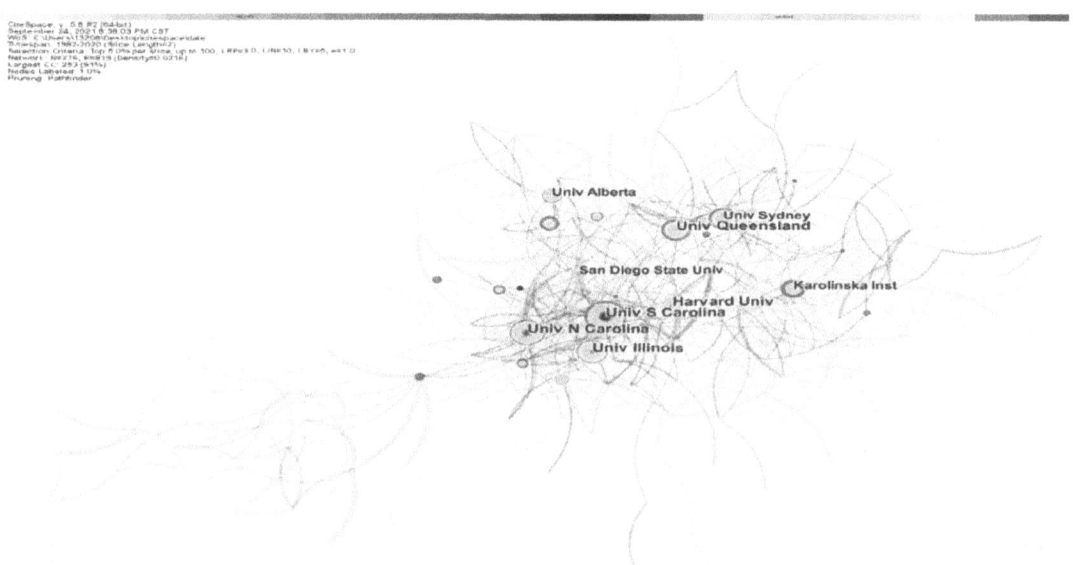

图4-4　1982—2020年国际体力活动领域研究机构间合作网络图谱

第 4 章 国际体力活动研究的合作网络与演进

表 4-5 1982—2020 年国际体力活动研究文献机构统计

研究机构	频次/次	中心性	发文量/篇
美国国立心肺血液研究所	47	0.36	139
美国国家癌症研究所	215	0.25	319
南卡罗来纳大学	493	0.12	2183
卡罗琳斯卡学院	361	0.1	644
布里斯托尔大学	222	0.1	391
昆士兰大学	444	0.09	653
剑桥大学	211	0.09	9
明尼苏达大学	43	0.09	1020

4.3.2 研究机构间合作网络的动态结构及演进特征

为更加深入地揭示国际体力活动研究领域机构间合作网络的动态演化过程,研究分 4 个时段分别构建了机构合作网络图谱(图 4-5)。由于各时段涉足体力活动研究的机构总数差别较大,部分时段网络结构过于复杂,为了凸显网络的骨干结构,为每个时段确定了节点入选阈值。

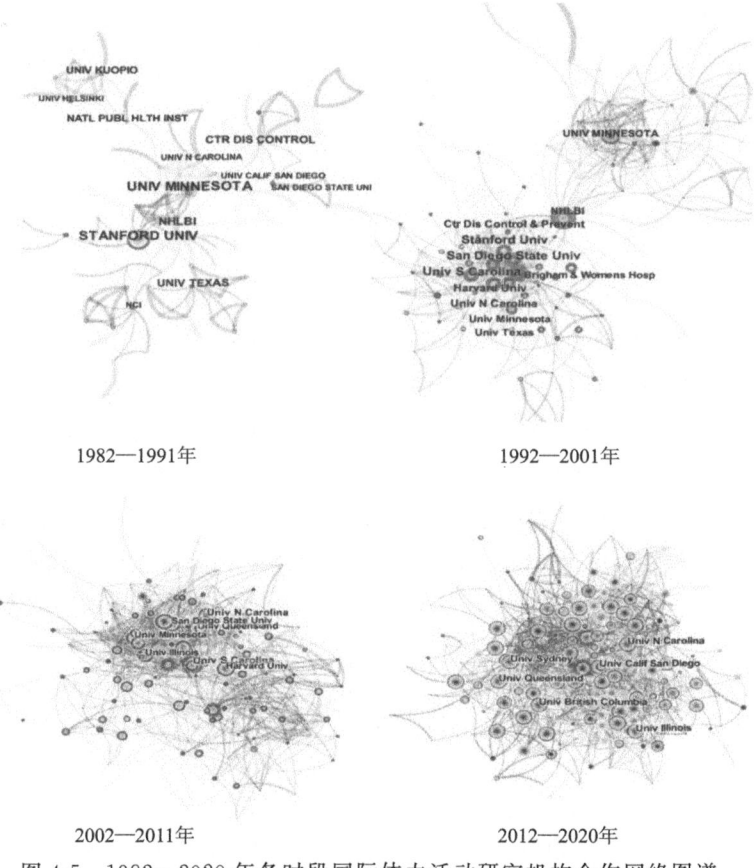

图 4-5 1982—2020 年各时段国际体力活动研究机构合作网络图谱

随着时间的推移,机构间合作网络的规模不断扩大,主要表现为网络中机构的总数上升和机构间的联系增多两个方面。通常情况下,新进入网络的研究机构与其他机构间的联系较少,即它们往往习惯于以个体独立进入网络,然后再慢慢与其他个体相互联系。每年都会有大量新的研究机构加入发文行列,原有的研究机构也逐渐从以独立发文为主演变为与其他科研机构合作发文,这种网络演化特征是机构间科研合作网络的一大特性。表4-6所示,4个时段中国际体力活动研究领域参与机构总数均呈增长趋势,体力活动问题引起世界上越来越多相关机构的重视,并出现了一些地位优势较为突出和稳定的机构,然而各时段的增长情况并不完全相同。由图4-5可知,1982—1991年机构合作网络密度为0.005 0,各机构的科研较为独立,机构合作较为稀疏;1992—2001年网络密度为0.033 7,呈现两个机构联系紧密,团队间合作较少的聚类;1992—2011年网络密度为0.076 3,两个聚类间合作明显加强;2012—2020年网络密度为0.069 8,世界各机构间的科研合作都十分紧密。在前3个时段中,连线数和网络密度均呈增长趋势,尤其是在2002—2011年表现出大幅增长,表明该时段网络结构的演化是以机构间合作关系的建立为突出特征;而2011—2020年时段网络密度出现下降,暗示此时段国际体力活动研究领域涌现一大批新机构或者已有合作关系的中断。

表4-6 不同时段机构间合作网络部分结构指标

参数	1982—1991年	1992—2001年	2002—2011年	2012—2020年
机构总数/个	710	1587	4735	12 258
入选阈值/次	≥1	≥2	≥6	≥8
节点数/个	398	181	174	193
连线数/条	396	549	1148	1293
网络密度	0.005 0	0.033 7	0.076 3	0.069 8

对国际体力活动研究领域机构间合作网络的优势地位研究机构进行分析,有利于人们对国际体力活动发展状况进行了解和把握。表4-7列出了各时段中心性位列前10名的核心机构。通过对比各时段的相对中心性发现重合率较高,机构间的科研合作关系具有明显的持续性特征。前两个时段中,明尼苏达大学、美国国家心肺血液研究所、美国国家癌症研究所、斯坦福大学和南卡罗来纳大学等机构保持了与其他研究机构较为广泛的合作关系,且美国国家癌症研究所、南卡罗来纳大学和哈佛大学等机构延续至第三时段。在第四时段中涌现出许多其他合作较为紧密的新机构,表明这个时段的机构间科研合作关系具有阶段性。

表4-7 不同时段机构合作网络中心性排名前10名一览表

序号	1982—1991年	1992—2001年	2002—2011年	2012—2020年
1	明尼苏达大/0.05	美国国立心肺血液研究所/0.05	美国国家癌症研究所/0.15	剑桥大学/0.13
2	美国国立国家心肺血液研究所/0.03	明尼苏达大学/0.15	卡罗琳斯卡学院/0.13	美国国家癌症研究所/0.13

续表 4-7

序号	1982—1991 年	1992—2001 年	2002—2011 年	2012—2020 年
3	斯坦福大学/0.02	圣地亚哥州立大学/0.13	南卡罗来纳大学/0.11	布里斯托尔大学/0.09
4	疾病控制与预防中心/0.02	疾病控制与预防中心/0.11	昆士兰大学/0.1	根特大学/0.08
5	美国国立卫生研究院/0.02	斯坦福大学/0.1	圣地亚哥州立大学/0.09	澳大利亚天主教大学/0.08
6	得克萨斯大学/0.01	美国国家癌症研究所/0.08	哥伦比亚大学/0.09	卡罗琳斯卡大学/0.07
7	加利福尼亚大学系统/0.01	美国退伍军人医疗中心/0.07	哈佛大学/0.08	亚利桑那州立大学/0.07
8	美国国家癌症研究所/0.01	哈佛大学/0.06	不列颠哥伦比亚大学/0.07	格拉纳达大学/0.07
9	北卡罗来纳州立大学/0.01	夏威夷马诺大学/0.06	英国医学研究理事会/0.07	纽卡斯尔大学/0.07
10	南卡罗来纳大学/0.01	南卡罗来纳大学/0.05	田纳西大学/0.07	挪威体育科学学校/0.07

注：表中数据格式为机构/中心性。

4.4 国际体力活动研究作者合作网络的结构及演进特征

作者是科学研究活动最重要的践行者，是科学生产系统中最活跃、最积极、最具主观能动性的因素。作者合作网络是科学合作网络的微观结构，作者的科研产出能力及其合作研究状况直接影响甚至决定着研究机构、国家（地区）的科研产出及其在相关合作网络中的地位和声望。稳定的核心作者团队，是一个学科（研究领域或研究主题）实现可持续发展的智力基础，是推动学科（研究领域或研究主题）走向繁荣的中流砥柱和中坚力量（张红岩，2012）。因此，对国际体力活动研究领域作者合作网络进行研究，不仅可以厘清该领域核心作者的群体结构，更重要的是可使人们深入地理解国际体力活动研究领域3个层次知识主体网络的互动机制。本研究收集的36 877篇文献中有36 875篇包含作者字段，2篇该字段缺失，共有非重复作者89 373人，人均发文量0.41篇。

4.4.1 作者间合作网络的静态结构特征

国际体力活动研究领域经过多年的发展，已形成了较大规模的学术同体。共同体成员对领域问题或独立探索，或联合攻关，或直接或间接地发生相互联系和作用，共同推动领域知识不断丰富、完善和发展。在这一历史过程中，哪些作者的贡献较为突出？他们展开研究的模式特征是什么？是否形成了关系较为密切的研究群体？群体的结构如何？诸如此类的问题都迫切地需要研究人员予以探索和澄清。作者共现及其可视化分析正是解决这些问题最有力的方法或工具代表。笔者为从总体上揭示国际体力活动研究领域作者合作研究的状况,利用 Citespace 软件构建了该领域 40 年来的静态结构图谱。Citespace 参数设置为 Node Type＝author,Time Slicing＝5,Top15％,其他为默认。运行 Citespace,得到有关体力活动的作者合作图谱(图 4-6)。该文献复杂网络特征为 $N=670, E=2084$(density＝0.009 3),N 为网络节点数量,节点表示作者,节点的大小反映了作者发文量的多少,节点的年龄结构反映是作者发文的时间结构,节点的厚度是作者在 1982—2020 年期间所发表论文的数量。E 为连线数量,节点的连线表示作者的合作关系,其连线的粗细表示作者之间合作次数的多少。density 指网络的密度(含义是网络中"实际关系数"除以"理论上的最大关系系数")(郭志光,2018)。共被引方法作为种定量、客观的分析方式,通过分析学者的被引情况,某种程度上,可推测该学者在科学共同体中的地位及影响力,并明确该学者对体力活动研究领域的贡献程度。

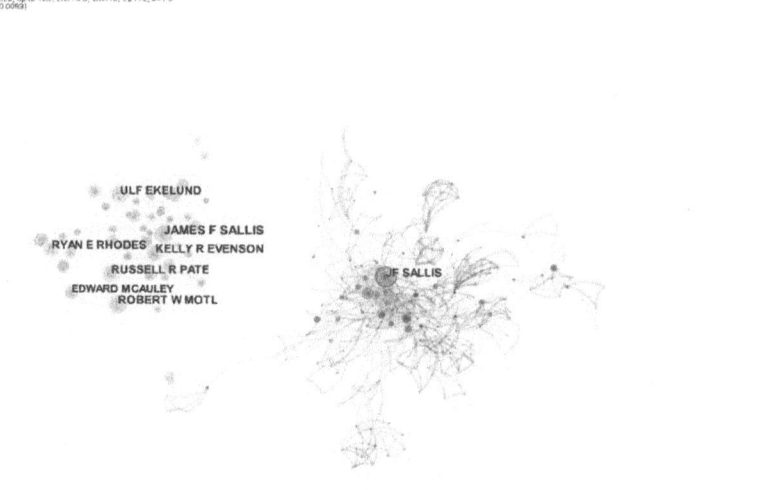

图 4-6　国际体力活动研究领域作者共现网络图谱

如图 4-6 所示,作者共现网络图谱节点较相对集中,高产作者间节点间存在一定的联系,例如 Sallis J. F.、Kelly R. E.、Russell R. P. 等。而从整个网络图谱来看,作者间合作情况一般。多数合作是相同研究领域的学者展开合作。高产作者来自高产机构,高产作者之间合作紧密。总体上作者合作具有分层的特点,自身不是高产作者或不在高产机构工作,则很少与高产作者合作。

依据图 4-6 对作者中心性进行分析,可知涉足体力活动研究领域的作者中心性有 55 位作者中心性≥0.01,其中 15 位作者中心性≥0.02,其他作者均为 0。表 4-8 列出中心性作者中心性≥0.02 的 15 位作者,其中前 4 位作者分别是 Sallis J. F.、Blair S. N.、Caspersen C. J.、Bouchard C.。依据点的中心性高的节点为关键节点,则这 4 位作者是体力活动研究领域的关键作者,其研究的内容是国际体力活动研究的热点内容。Sallis J. F. 的研究领域为体力活动与健康促进以及政策和环境对身体活动、营养和肥胖的影响,其代表作 *International physical activity questionnaire：12-country reliability and validity*、*A review of correlates* of physical activity of children and adolescents、Compendium of physical activities-classification of energy costs of human physical activities、Correlates of physical activity: why are some people physically active and others not? 在 Web of Science 上被引频次依次为 9427、3104、3078、1855;Blair S. N. 的研究领域为流行病学及体力活动与健康促进,其代表作 Physical activity and public health-updated recommendation for adults from the American college of sports medicine and the American heart association、Physical activity and public health a recommendation from the centers for disease control and prevention and the American college of sports medicine、Physical activity and public health in older adults recommendation from the American college of sports medicine and the American heart association 在 Web of Science 上被引频次依次为 5428、4947、2438;Caspersen C. J. 的研究领域为体力活动与流行病学及体力活动的数据收集和分析方法,其代表作 Physical-activity, exercise, and physical-fitness definitions and distinctions for health-related research、Changes in physical activity patterns in the United States, by sex and cross-sectional age 在 Web of Science 上被引频次依次为 3511、667;Bouchard C. 的研究领域为遗传学在肥胖症中的作用和对正常体力活动的适应过程,其代表作 Physical-activity and public health a recommendation from the centers for disease control and prevention and the American college of sports medicine、Trends over 5 decades in US occupation-related physical activity and their associations with obesity 在 Web of Science 上被引频次依次为 4947、687。国内学者可多关注这 4 位学者的研究内容,进行相关或更深层次的体力活动研究。

表 4-8 作者中心性及发文量一览表

序号	作者	发文量/篇	中心性
1	Sallis J. F.	115	0.11
2	Blair S. N.	52	0.05
3	Caspersen C. J.	23	0.04
4	Bouchard C.	19	0.04
5	Haskell W. L.	33	0.03
6	Leon A. S.	22	0.03
7	Rauramaa R.	12	0.02
8	Paffenbarger R. S.	45	0.02
9	Jacobs D. R.	27	0.02
10	Pate R. R.	60	0.02
11	Kriska A.	5	0.02
12	Ekelund U.	39	0.02
13	King A. C.	85	0.02
14	Pate R. R.	125	0.02
15	Katzmarzyk P. T.	79	0.02

4.4.2 作者间合作网络的动态结构及演进特征

随着国际体力活动研究领域的发展,作者之间的合作关系也会经历一个形成、发展、成熟最后至解体的生命周期过程,因而科研合作群体的结构也不断地发生着历时性演化。对演化过程中所呈现的特征进行分析,可更准确地把握国际体力活动研究领域发展趋势(图4-7)。

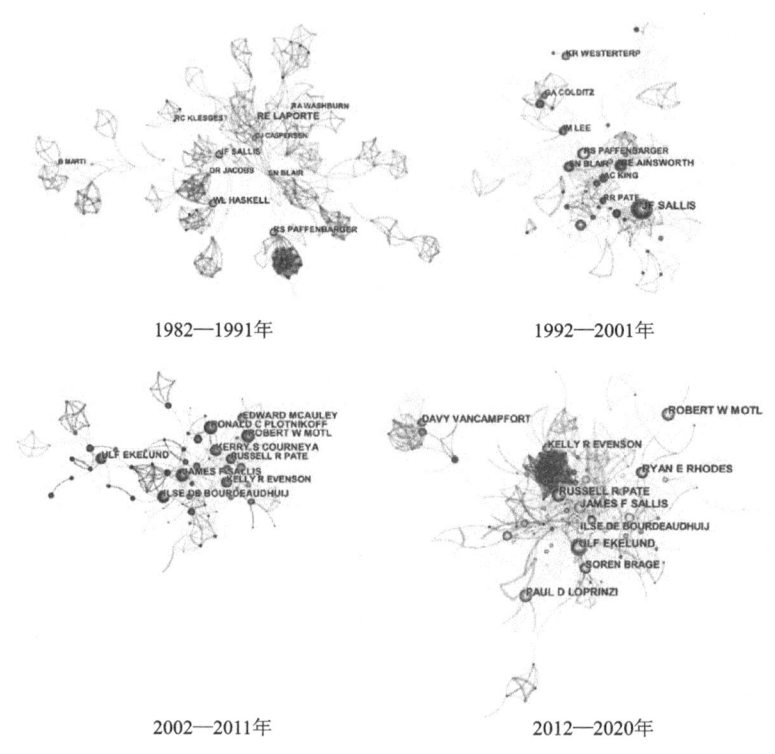

图4-7 1982—2020年时段高产作者合作网络知识图谱

1982—1991年时段,仅有Laporte R.E.、Haskell W.L.、Sallis J.F.、Paffenbarger R.S.、Jacobs D.R.等发文量超10篇,绝大多数作者的发文量仅有1篇,从发文量角度看,只存在极少数的相对高产作者。但是从图中合作化趋势较为明显,常为同一机构间的作者合作。1992—2001年时段,出现了一些相对高产的作者,整体发文量较上个时段有了显著的提升,高产作者之间的联系较为密切,网络密度相对较高。尤其是加州大学圣地亚哥分校医学和公共卫生系的杰出教授Sallis J.F.,James F.,共发文62篇,中心性0.13;斯坦福大学Haskell W.L.教授共发文16篇,中心性0.09;国际公认的体力活动与流行病学家Caspersen C.J.共发文9篇,中心性0.07。2002—2011年时段,高产作者规模持续保持高速增长状态,作者间的合作关系进一步增强,此时的合作关系不仅仅局限于同一机构,不同机构、地区、国家的作者之间合作逐步出现。加州大学圣地亚哥分校医学和公共卫生系的杰出教授Sallis J.F.、James F.共发文68篇,中心性0.13;根特大学运动和体育科学系的教授Ilse De Bourdeaudhuij共发文51篇,中心性0.1;西班牙格拉纳达大学体育科学系副教授Jonatan R.R.共发文21篇,中心性 0.1。2012—2020 年时段,伴随着国际体力活动研究领域的持续快速发展,不仅高产作者数量在入选阈值提高的情况下不断攀升,而且他们之间的合作关系亦愈来愈密切、愈来愈广泛。此时段作者间的合作已渐入佳境,国际体力活动研究领域绝大多数的高产作者已联结成为一个疏密有间、知识信息交流较为畅通的小世界复杂网络。其中,美国运动医学学院的院士 Ekelund U. L. 发文 65 篇,中心性 0.15;阿诺德公共卫生学院教授 Russell R. P. 发文 76 篇,中心性 0.14;维多利亚大学运动科学、体育和健康教育学院的教授 Rhodes R. E. 发文 60 篇,中心性 0.1。此外,从不同时段高产作者合作网络图谱中可直观地发现,它们也基本遵循从分散简单网络研究向多中心复杂网络的路径演化。表 4-9 列出了不同时段高产作者发文量及中心性,表中的数据进一步证实了无论是在高产作者数量、发文量、中心性上都是逐时段提升的。

表 4-9 不同时段高产作者中心性一览表

序号	1982—1991 年	1992—2001 年	2002—2011 年	2012—2020 年
1	Blair S. N. /0.03	Sallis J. F. /0.13	Sallis J. F. /0.13	Ekelund U. L. F. /0.15
2	Jacobs D. R. /0.02	Haskell W. L. /0.9	De Bourdeaudhuij I. /0.1	Pate R. R. /0.14
3	Laporte R. E. /0.01	Caspersen C. J. /0.7	Ruiz J. R. /0.1	Rhodes R. E. /0.1
4	Haskell W. L. /0.01	Leon A. S. /0.6	Ekelund U. L. F. /0.08	Evenson K. R. /0.09
5	Sallis J. F. /0.01	Paffenbarger R. S. /0.5	Pate R. R. /0.08	Sardinha L. B. /0.09
6	Paffenbarger R. S. /0.01	Bouchard C. /0.5	Pratt M. /0.08	Finni T. /0.09
7	Caspersen C. J. /0.01	Ainsworth B. E. /0.4	Bauman A. /0.7	Sallis J. F. /0.08
8	Tuomilehto J. /0.01	Blair S. N. /0.4	Wareham N. J/0.6	King A. C. /0.08
9	Powell K. E. /0.01	Kriska A. /0.4	Blair S. N. /0.05	Mota J. /0.07
10	Laporte R. E. /0.01	King A. C. /0.03	Salmon J. O. /0.05	Halla P. C. /0.07

注:表中数据格式为作者/中心性。

第5章 国际体力活动研究的热点前沿与演进

5.1 国际体力活动研究的重点内容——词频分析视角

5.1.1 国际体力活动研究重点的静态分析

关键词是作者由论文标题、摘要或正文中挑选出来的,简明表述论文主题内容、核心概念的自然语言词汇(马妍春等,1999)。一个学科较长时间内的大量学术论文关键词的集合可以揭示出该学科的总体内容特征及其发展趋势(安秀芬,2002;李文兰等,2005)。在 WOS 中,论文的关键词(keywords)分两种:一种是作者关键词(author keywords),即由作者给出的关键词;另外一种是增补关键词(keywords plus),是数据库从文末参考文献的标题中摘取的主题词。

37 164 篇国际体力活动文献共有作者关键词和增补关键词 54 980 个,累计出现 746 462 次,平均每篇论文包含 1.48 个(部分文献本身不列关键主词,因此实际列有关键词文献的关键词数量比这个篇均值超出较多,如 1981—1990 年出版的文献中大多无关键词)。表 5-1 中列出了排序前 50 位的高频关键词,可以看出国际体力活动的研究热点:针对不同的人群(男性、女性、老年人、年轻人、儿童等)在生活中所出现的问题(肥胖、超重、死亡率、体格强健、疾病、心血管疾病等),通过一系列方法手段(体力活动、干预、生活方式、体重指数、能源支出、计划、锻炼、教育等)来促进人们的身体健康(体格强健、生活质量等)。

表 5-1 国际体力活动文献频次排序前 50 位高频关键词列表(1981—2020 年)

序号	关键词	频次	序号	关键词	频次
1	exercise(锻炼)	13 226	10	women(女性)	2355
2	physical activity(体力活动)	11 486	11	overweight(超重)	2231
3	health(健康)	6398	12	association(协会)	2206
4	children(儿童)	4000	13	validity(体格强健)	2194
5	obesity(肥胖)	3894	14	prevalence(流行)	2184
6	risk(风险)	3425	15	mortality(死亡率)	2053
7	adults(成年人)	3355	16	youth(年轻人)	1902
8	adolescents(青春期)	2752	17	behavior(行为)	1855
9	fitness(健身)	2399	18	prevention(防止)	1827

续表 5-1

序号	关键词	频次	序号	关键词	频次
19	disease(疾病)	1775	35	performance(表现)	1158
20	risk-factors(风险因素)	1740	36	cardiovascular-disease(心血管疾病)	1112
21	reliability(可靠性)	1736	37	age(年龄)	1094
22	validation(认可)	1540	38	Sedentary Behavior(久坐行为)	1051
23	meta analysis(元分析)	1533	39	program(计划)	1026
24	walking(步行)	1492	40	life-style(生活方式)	1006
25	time(时间)	1401	41	questionnaire(调查表)	996
26	older-adults(老年人)	1388	42	energy-expenditure(能源支出)	975
27	population(人口)	1357	43	inactivity(不活动)	971
28	interventions(干预)	1343	44	weight(体重)	965
29	men(男性)	1333	45	impact(影响)	960
30	quality-of-life(生活质量)	1259	46	body-mass Index(体重指数)	958
31	united-states(美国)	1248	47	patterns(模式)	957
32	people(人)	1239	48	life(生活)	906
33	determinants(决定因素)	1191	49	education(教育)	882
34	participation(参与)	1168	50	public-health(公共健康)	860

5.1.2 国际体力活动研究重点的演进

对高频关键词出现频次的分析仅是对 40 年来国际体力活动研究重点的静态描述,要了解国际体力活动研究重点的变化,还需对这些高频关键词进行历时性动态分析。为此,表 5-2 将 1981—2020 年按每 10 年作为一个时段,对每 10 年出现频次最高的前 10 位关键词进行了统计,以此反映国际体力活动研究重点的演变趋势。

表 5-2 国际体力活动文献频次每 10 年排序前 10 位高频关键词列表(1981—2020 年)

时段	关键词(前 10 位)	频次
1981—1990 年	blood pressure(血压)	3
	capacity(能力)	2
	plasma catecholamines(等离子体儿茶酚胺)	2
	exercise(锻炼)	1
	health(健康)	1
	fitness(健身)	1
	adults(成年人)	1
	risk factors(风险因素)	1
	population(人口)	1
	program(计划)	1

续表 5-2

时段	关键词（前 10 位）	频次
1991—2000 年	exercise（锻炼）	967
	physical activity（体力活动）	393
	obesity（肥胖）	309
	women（女性）	259
	men（男性）	248
	children（儿童）	176
	risk（风险）	160
	risk factors（风险因素）	158
	coronary heart disease（心血管疾病）	157
	disease（疾病）	128
2001—2010 年	exercise（锻炼）	3197
	physical activity（体力活动）	2183
	health（健康）	1302
	obesity（肥胖）	1273
	children（儿童）	1081
	risk（风险）	707
	overweight（超重）	602
	prevention（预防）	596
	fitness（健身）	586
	adults（成年人）	553
2011—2020 年	exercise（锻炼）	9061
	physical activity（体力活动）	9010
	health（健康）	4859
	obesity（肥胖）	3588
	children（儿童）	3539
	risk（风险）	2558
	adolescents（青少年）	2120
	association（协会）	1833
	prevalence（患病率）	1673
	validity（有效性）	1630

注：本表中的频次为导出关键词的实际统计，故与 5.2 小节的频次不一致。

科学研究的发展有其自身内在的规律性，总体呈现出从缓慢形成、快速成长、稳定成熟到逐渐衰退的生命周期现象。通常情况下，某一主题研究的起始阶段，其发展速度较慢，关注该研究的人员较少，发文量也较低，相对应的反映该主题的学术关键词出现频率也不高；随着研究的不断深入,进入该研究领域的科研人员逐渐增多,发文量持续快速增长,反映主题研究内容的关键词出现的频率也就迅速增长,形成研究热点,主题研究进入快速成长期;随后,由于主题研究学术共同体的规模相对稳定,发文量及主题相关关键词维持高位窄幅波动,研究进入成熟期;最后,研究步入衰退期(赵丙军,2013)。表5-2表明,国际体力活动研究领域高频关键词的变化趋势总体上呈现快速增长态势(1981—1900年发表的期刊中大多无关键词,所以可忽略不计),特别是exercise(锻炼)、physical activity(体力活动)以及obesity(肥胖)由1991—2000年时间段中的频次967次、393次、309次到2011—2020年时间点增长为9061次、9010次、3588次,其中exercise(锻炼)、obesity(肥胖)频次增长为10倍,physical activity(体力活动)增加了30倍,表明它们是当前和未来一段时期内国际体力活动研究领域予以重点关注的研究内容。此外,研究重点所针对的人群(男性、女性)也越来越具体,如children(儿童)、adults(成年人);同时健康(health)问题也引起广泛重视,从2001—2010年的1302次增长为2011—2020年的4859次。当然,国际体力活动研究中那些快速成长及持续关注的研究热点理应引起我国相关科研人员的高度重视,但对那些并未出现频次靠前但持续稳定增长的关键词也应保持关注。

5.2 国际体力活动研究的热点前沿及其演进轨迹——共词网络视角

5.2.1 国际体力活动研究的热点前沿分析(1981—1990年)

1981—1990年时段国际体力活动研究共有相关文献773篇,具有实际意义的非重复关键词73个,出现总频次87次,词均出现1.19次,其中出现频次较高的词汇有physical activity(4)、blood pressure(4)、capacity(3)、heart(2)、exercise(2)、motivation(2)、therapy(2)、isometric exercise(2)、associations(2)等关键词。其中physical activity和blood pressure出现频次最高,但关键词整体出现频次并无明显差异,以这些相对高频的关键词为元素,并将10年划分为10个1年等长的时间片段,构建了共现网络图谱(图5-1、图5-2)。

共现网络中共有节点73个,连线205条,0.404 1的网络密度相对较高,无孤立节点存在,说明此阶段的国际体力活动研究内容较为集中。网络中节点中心性较高的关键词是associations(0.06)、motivation(0.05)、exercise(0.04)、blood pressure(0.02)、capacity(0.02)、physical activity(0.01),说明此阶段associations和其他关键词联系较为紧密且研究成果在该领域具有较大的影响力。进行关键词突现分析时显示没有突现关键词,说明国际体力活动研究领域起步初期的研究重点和热点高度重合,尚无明显的研究前沿显现。1981—1990年期间,国际体力活动研究的主要领域和方向相对简单,但也奠定了后续研究的基础。从图中关键词出现年份以及关键词标签,可将国际体力活动研究起步阶段的整个研究领域分别概括为以下5个方面。

(1)体力活动与健康。在这个时期,国际体力活动研究主要关注体力活动与健康之间的关系,研究人员开始探讨体力活动对心血管健康、代谢健康以及慢性病等方面的影响,为后续研究提供了理论基础。

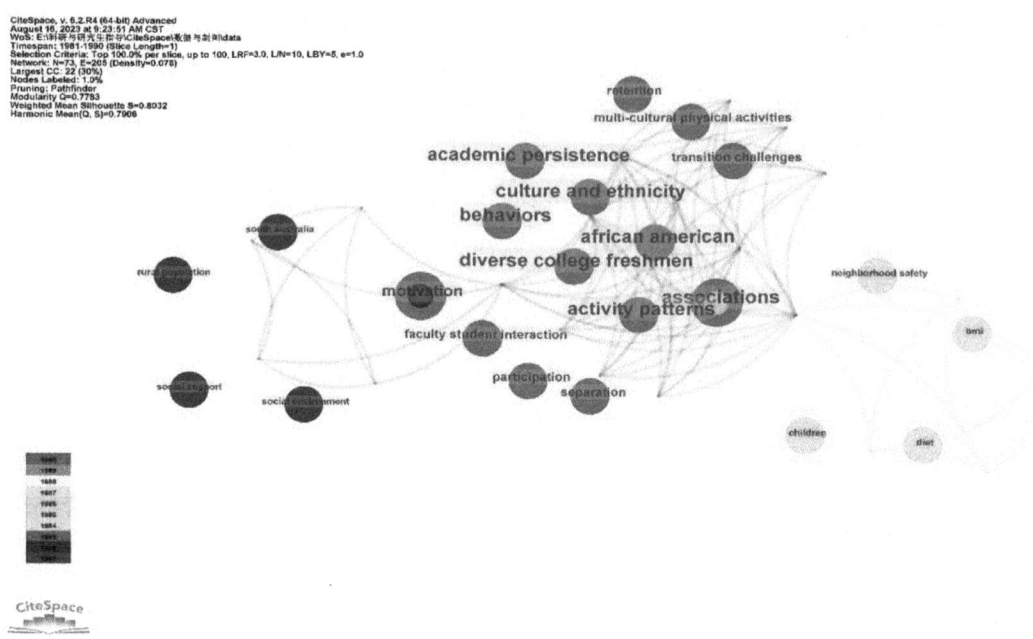

图 5-1　1981—1990 年国际体力活动研究关键词共现网络图谱

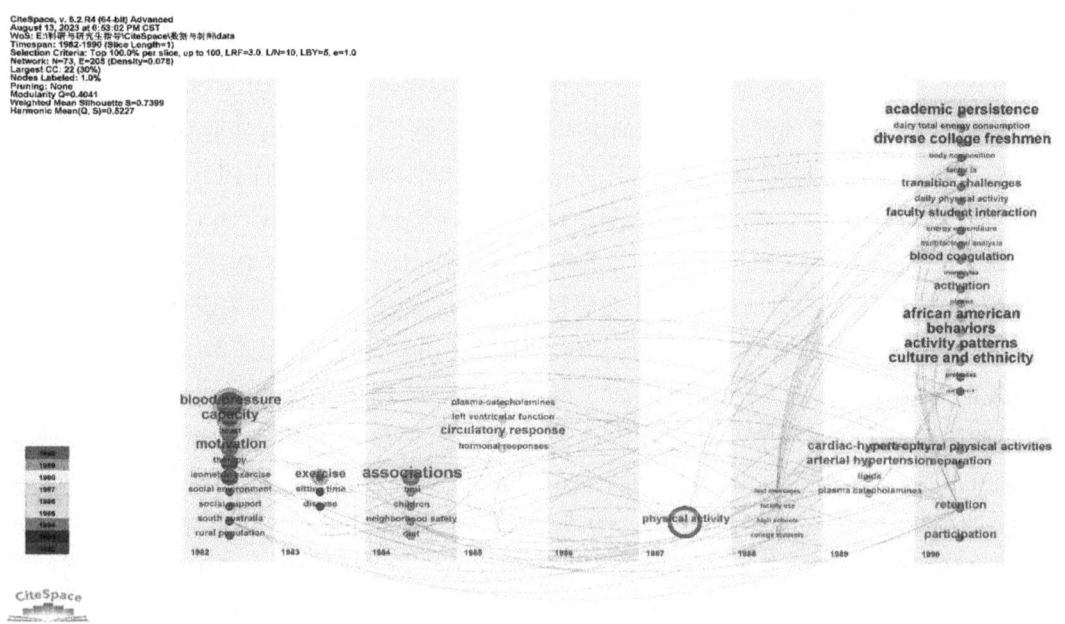

图 5-2　1981—1990 年国际体力活动研究关键词共现网络图谱（时区视图）

(2)体力活动测量方法和指标。研究人员开始关注如何准确地测量和评估体力活动水平，主要研究了各种测量方法和指标，如自报测量、体力活动问卷等，以确保研究结果的可靠性和准确性。

(3)人口统计与流行病学。这段时期的研究还着眼于人口统计和流行病学方面，探讨不同人群、不同年龄段的人群进行体力活动的水平以及与健康相关的流行病学特征等内容。

（4）儿童与青少年体力活动。这段时期尽管研究相对有限，但已经开始关注儿童和青少年的体力活动状况，特别是儿童与青少年体力活动的模式、影响因素以及健康效益。

（5）老年人体力活动。20 世纪 80 年代末，研究者开始重视老年人体力活动，聚焦于探讨老年人的体力活动水平与长寿、生活质量之间的联系，为制定促进老年人健康的策略和政策提供了理论依据。

综上，1981—1990 年期间国际体力活动研究主要集中在体力活动与健康、体力活动测量方法和指标、人口统计与流行病学、儿童与青少年体力活动以及老年人体力活动等领域。虽然研究方向相对简单，但在方法性和学术性等方面，这些研究为后续更深入和更广泛的体力活动研究奠定了基础。

5.2.2 国际体力活动研究的热点前沿分析（1991—2000 年）

1991—2000 年时段国际体力活动研究共有相关文献 2291 篇，具有实际意义的非重复关键词 1141 个，出现总频次 8840 次，词均出现 7.75 次。出现频次较高的词汇有 exercise（616）、physical activity（493）、men（225）、women（221）、fitness（214）、health（200）、coronary heart disease（178）、children（162）、energy expenditure（152）等关键词，其中 exercise 出现频次最高，physical activity 次之。以这些相对高频的关键词为元素，并将 10 年划分为 10 个 1 年等长的时间片段，构建了共现网络图谱（图 5-3）。

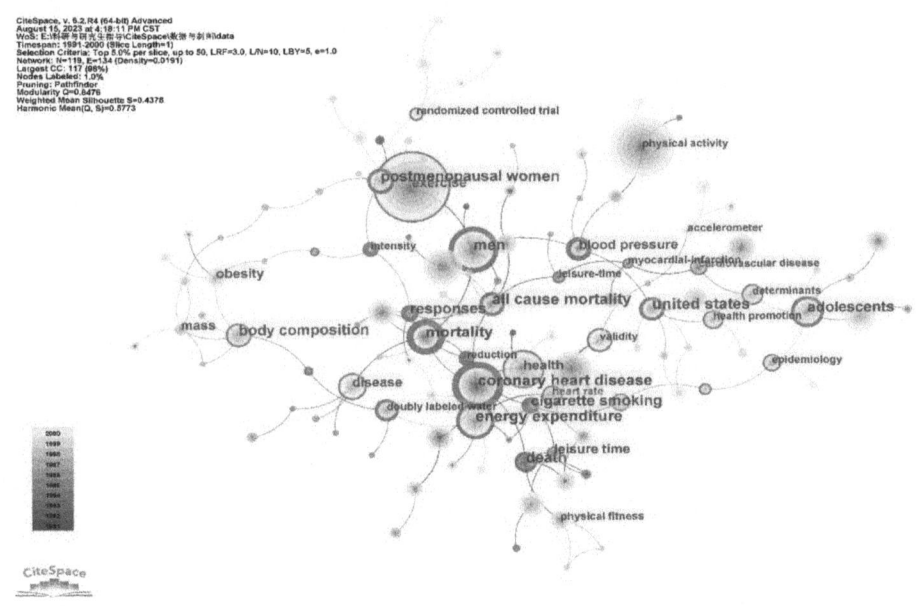

图 5-3　1991—2000 年国际体力活动研究关键词共现网络图谱

网络中共有节点 119 个，连线 134 条，0.019 1 的网络密度相对较低，网络较为稀疏，说明该时段的国际体力活动研究内容在相对集中的同时也出现了较为明显的分化。网络中节点中心性较高的关键词是 mortality（0.74）、coronary heart disease（0.67）、men（0.56）、cigarette smoking(0.54)、reduction(0.53)、responses(0.48)、intensity(0.43)、blood pressure(0.42)，说明此阶段集中研究慢性疾病与体力活动的关系，即已逐渐认识到体力活动锻炼对于慢性疾病的预防与治疗的作用。对关键词进行突现分析发现突现率较高的节点按出现年限进行排序，依次是 death(12.36)、coronary heart disease(9)、risk factors(8.24)、leisure time(6.27)、questionnaire(5.22)和 mortality(5.06)等(图 5-4)。从高突现率关键节点和高中心性关键节点来看，国际体力活动研究领域在该阶段的研究重点和热点相对重合，尚无所谓的研究前沿显现。美国等发达国家经过几次工业化革命，人们生活水平显著提高，但患病率却逐渐增加。因此，美国、英国、澳大利亚等发达国家相继颁布相关政策以鼓励民众参与体力活动，研究者也从只关注竞技体育运动转向大众的体力活动与身心健康的研究。

关键词	年份	频次	开始年份	结束年份
death	1991	12.36	1991	1994
coronary heart disease	1991	9	1991	1993
risk factors	1991	8.24	1991	1993
leisure time	1991	6.27	1991	1994
questionnaire	1991	5.22	1991	1993
reliability	1991	2.95	1991	1992
muscle strength	1992	6.16	1992	1993
cardiovascular disease	1992	5.86	1992	1994
leisure-time	1992	5.44	1992	1996
colon cancer	1992	4.62	1992	1993
college alumni	1992	4.25	1992	1994
mortality	1991	5.06	1993	1995
age	1991	3.78	1993	1995
ischemic heart disease	1994	4.97	1994	1996
cigarette smoking	1994	4.47	1994	1996
population	1991	4.14	1994	1995
indirect calorimetry	1994	4.01	1994	1995
expenditure	1995	2.84	1995	1998
mass	1996	4.62	1996	1998
body mass index	1996	3.02	1996	1997
osteoporosis	1997	5.53	1997	1998
resting metabolic rate	1997	3.81	1997	2000
bone mineral density	1997	3.11	1997	1998
breast cancer	1995	2.46	1997	2000
patterns	1998	4.67	1998	2000
young children	1998	4.31	1998	2000
fat	1998	2.71	1998	2000
program	1998	2.45	1998	2000

图 5-4 1991—2000 年国际体力活动研究高突现率关键词(前 28 位)

1991—2000 年期间，国际体力活动研究呈现出一些明显的研究领域和方向，对国际体力活动研究进行聚类分析发现，119 个相对高频关键词被划分为 8 个聚类(图 5-5)，比较重要的研究领域具体如下。

(1)体力活动与健康效益。这一时段，国际体力活动研究着重探讨体力活动对健康的积极影响，特别是心血管健康。研究人员对体力活动与心血管疾病、肥胖、糖尿病等慢性疾病之间的关系进行了深入研究，以证实体力活动在疾病预防和健康促进方面具有重要作用。

(2)儿童与青少年体力活动。这一时段，研究人员开始更加关注儿童和青少年的体力活动水平与健康的关系。他们探究了儿童和青少年体力活动的影响因素、模式以及体力活动与

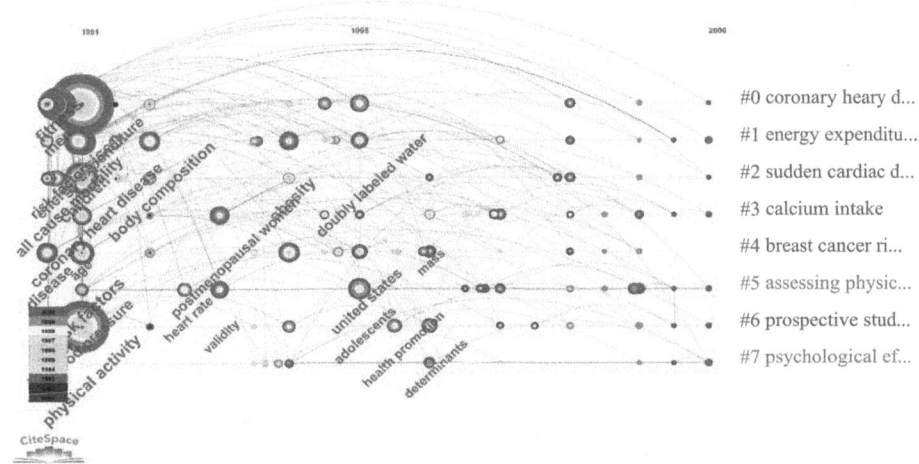

图 5-5　1991—2000 年国际体力活动研究关键词共现网络图谱（时间线视图）

生活方式之间的相互作用,为儿童健康教育和发展提供了理论支持。

(3)健康干预和行为改变。研究人员开始关注如何通过健康干预和行为改变策略来促进人们的体力活动。他们研究了不同干预方法对体力活动行为的影响,如健康教育、行为咨询、社会支持等,以期提供实践指导。

(4)测量方法与评估工具。在体力活动研究中,准确的测量方法和评估工具是至关重要的。研究人员在这个时期着重研究体力活动的测量方法,包括问卷调查法、加速度计法、心率监测法等,以提高测量的准确性和可靠性。

(5)体力活动与建成环境。这一时段,除了个体层面的研究外,研究人员也开始关注建成环境对体力活动的影响。他们研究了城市规划、交通系统、社区设施等建成环境如何影响人们的体力活动行为,为创造有利于体力活动的环境提供了理论支持和指导。

综上,1991—2000 年期间国际体力活动研究主要集中在体力活动与健康效益、儿童与青少年体力活动、健康干预和行为改变、测量方法与评估工具以及体力活动与建成环境等领域。这些研究为理解体力活动与健康关系提供了坚实的基础。研究人员在这些领域的成果为制定健康政策、开展干预措施以及推动公众健康提供了重要的理论支持。

5.2.3　国际体力活动研究的热点前沿分析(2001—2010 年)

2001—2010 年时段国际体力活动研究共有相关文献 2291 篇,具有实际意义的非重复关键词 226 个,出现总频次 33 141 次,词均出现 146.64 次。其中出现频次较高的词汇有 physical activity(2629)、exercise(2248)、health(1370)、obesity(1043)、children(994)、women(753)、risk(725)、overweight(615)、prevention(608)等关键词。其中 physical activity 出现频次最高,exercise 次之。以这些相对高频的关键词为元素,并将 10 年划分为 10 个 1 年等长的时间片段,构建了共现网络图谱(图 5-6)。

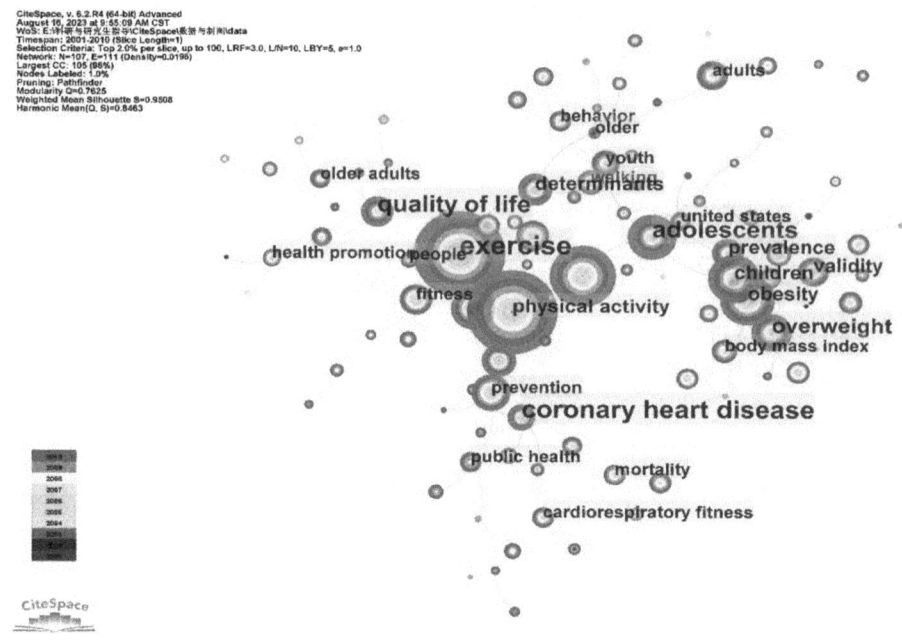

图 5-6 2001—2010 年国际体力活动研究关键词共现网络图谱

网络中共有节点 107 个，连线 111 条，0.019 6 的网络密度仍相对较低，网络较为稀疏，说明该时段的国际体力活动研究内容还属于发展阶段，研究内容较为分散。从高频关键词来看国际体力活动在本阶段的研究内容主要是体力活动、健康和肥胖，研究对象主要为女性、儿童和青少年，国际体力活动研究已逐渐关注弱势群体。网络中节点中心性较高的关键词是 physical activity(1.4)、exercise(1.08)、health(1.01)、obesity(0.9)、children(0.75)、women(0.57)和 risk(0.5)等，与高频关键词呈现出同样的研究趋势和状况。对关键词进行突现分析发现突现率较高的节点按出现年限进行排序依次是 men(38.42)、coronary heart disease(30.03)、women(23.75)、doubly labeled water(17.9)、energy expenditure(16.75)、fitness(15.7)、disability(19.71)和 social support(17.98)等，它们所代表的内容是该时段国际体力活动研究的前沿（图 5-7）。

2001—2010 年期间，对国际体力活动研究进行聚类分析发现，107 个相对高频关键词被划分为 10 个聚类（图 5-8），整个研究主要集中在以下 5 个重要的研究领域。

(1) 体力活动干预。在这个时期，研究人员对于如何通过干预方法来促进人们的体力活动水平产生了浓厚的兴趣。这些干预方法包括健康教育、行为改变策略、社区介入和技术应用等。研究人员致力于评估不同干预策略的效果，探索哪些方法对于不同人群的体力活动增加最为有效。这个研究领域的学术性在于通过实证研究和随机对照试验等方法，深入分析不同干预对体力活动水平的影响，为促进人们体力活动锻炼推动实践提供了可靠的科学依据。

(2) 健康影响。在这个时期，研究人员开始更深入地研究体力活动对健康的影响，特别是与心血管健康、肥胖和代谢疾病等相关的健康问题。通过运用流行病学调查、长期追踪研究等方法，研究人员量化了不同体力活动水平与健康风险之间的关系，证实了积极的体力活动

关键词	年份	频次	开始年份	结束年份	2001—2010年
men	2001	38.42	2001	2004	
coronary heart disease	2001	30.03	2001	2004	
women	2001	23.75	2001	2003	
doubly labeled water	2001	17.9	2001	2003	
energy expenditure	2001	16.75	2001	2005	
fitness	2001	15.7	2001	2003	
risk-factors	2001	13.71	2001	2002	
exercise	2001	12.28	2001	2002	
disease	2001	9.34	2001	2004	
risk factors	2001	9.27	2001	2002	
age	2001	5.13	2001	2003	
older	2002	15.97	2002	2003	
determinants	2002	8.49	2002	2005	
patterns	2002	4.45	2002	2003	
weight	2003	4.58	2003	2004	
performance	2004	4.06	2004	2005	
cardiovascular disease	2004	6.38	2006	2007	
predictors	2005	16.37	2007	2008	
environment	2007	5.69	2007	2010	
behaviors	2007	2.9	2007	2010	
associations	2007	2.58	2007	2008	
disability	2008	19.71	2008	2010	
social support	2008	17.98	2008	2010	
public health	2006	14.33	2008	2010	
planned behavior	2008	12.79	2008	2010	
impact	2008	10.96	2008	2010	
activity patterns	2002	3.33	2008	2010	
self efficacy	2005	2.62	2008	2010	

图 5-7　2001—2010 年国际体力活动研究高突现率关键词（前 28 位）

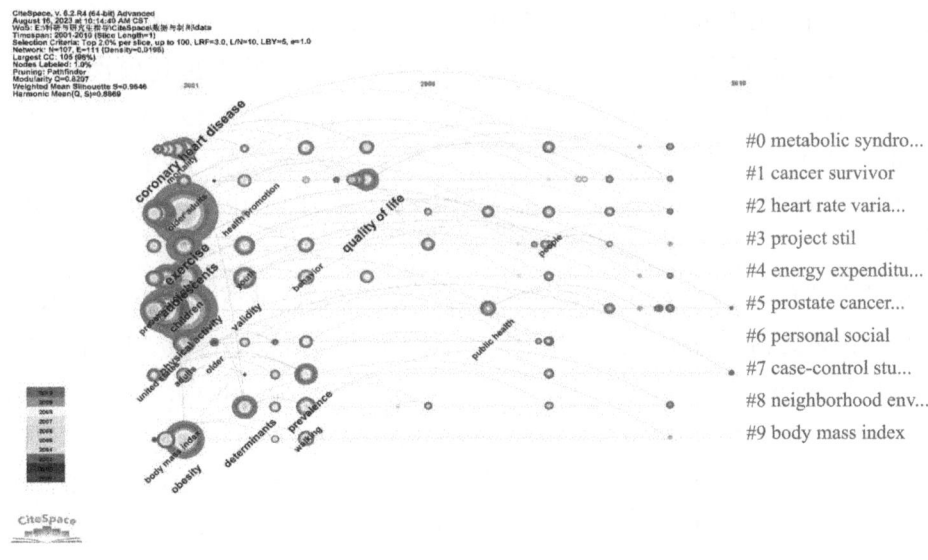

图 5-8　2001—2010 年国际体力活动研究关键词共现网络图谱（时间线视图）

对于预防慢性疾病的重要性。这个研究方向的学术性在于其严谨的研究方法和统计分析能够为学术研究提供有力的证据支持。

（3）特定人群。2001—2010 年，研究人员开始更多地关注特定人群，如儿童、青少年、老年人、妇女等。他们探索不同年龄、性别和生活阶段的人群在体力活动参与方面的差异,并针对性地提出干预建议,此外,综合运用心理学、生理学、流行病学等多学科方法,深入理解不同人群的行为模式和健康需求。

(4)建成环境和政策。在这个时期,研究人员对建成环境对体力活动的影响进行了更加深入的研究,同时结合国家政策对建成环境和体力活动的影响与引领作用。他们更加关注城市规划、交通政策、公共场所的设计与环境等因素,探讨如何通过政策和环境的改变来鼓励人们更多地参与体力活动,以及建成环境和政策对人们参与体力活动的影响。研究普遍认为良好的建成环境和积极的国家政策有利于民众进行体力活动锻炼,提高民众健身意识。对社会结构和政策的深入分析为城市规划和社会政策的制定提供了科学依据。

(5)技术应用。随着数字技术的发展,研究人员开始探索如何使用移动应用、健康追踪器和虚拟现实等技术来监测和促进体力活动。他们研究这些技术的有效性、可行性以及如何将其应用于健康干预中,为后续数字技术在体力活动干预与检测的研究奠定了学术基础,同时保证体力活动检测技术水平的提升,保证研究数据的学术性和逻辑性,为数字健康和健康科技领域提供了新的知识和见解。

综上所述,2001—2010年期间国际体力活动研究主要集中在体力活动干预、健康影响、特定人群、建成环境和政策以及技术应用等研究领域。这些研究是上述10个研究聚类的高度总结和凝练,对于人们把握这个时期的研究重点和研究前沿具有重要意义。

5.2.4 国际体力活动研究的热点前沿分析(2011—2020年)

2011—2020年时段国际体力活动研究共有相关文献25 966篇,具有实际意义的非重复关键词138个,出现总频次61 068次,词均出现442.52次。其中出现频次较高的词汇有physical activity(6233)、exercise(3805)、health(3013)、children(1884)、obesity(1660)、adults(1567)、risk(1385)、adolescents(1216)等关键词,其中physical activity出现频次最高,以这些相对高频的关键词为元素,并将10年划分为10个1年等长的时间片段,构建了共现网络图谱(图5-9)。

网络中共有节点138个,连线144条,0.015 2的网络密度仍相对较低,网络较为稀疏,说明该时段的国际体力活动研究内容较为分散,各研究领域呈现百花齐放。网络中节点中心性较高的关键词是physical activity(1.53)、obesity(1.07)、overweight(0.83)、children(0.78)、risk(0.54)、youth(0.4)等,与高频关键词呈现出同样的研究趋势和状况。physical activity中心性最高,obesity和overweight次之,说明该阶段的研究重点是围绕体质健康问题展开的,尤其是对于肥胖的问题。对关键词进行突现分析发现突现率较高的节点按出现年限进行排序依次是coronary heart disease(45.62)、calibration(32.28)、public-health(29.96)、perceptions(26.31)、activity patterns(23.75)、nutrition(25.68)、sedentary time(32.82)和management(22.68)等(图5-10),它们代表的研究内容,是该时段国际体力活动研究的前沿。

第 5 章 国际体力活动研究的热点前沿与演进

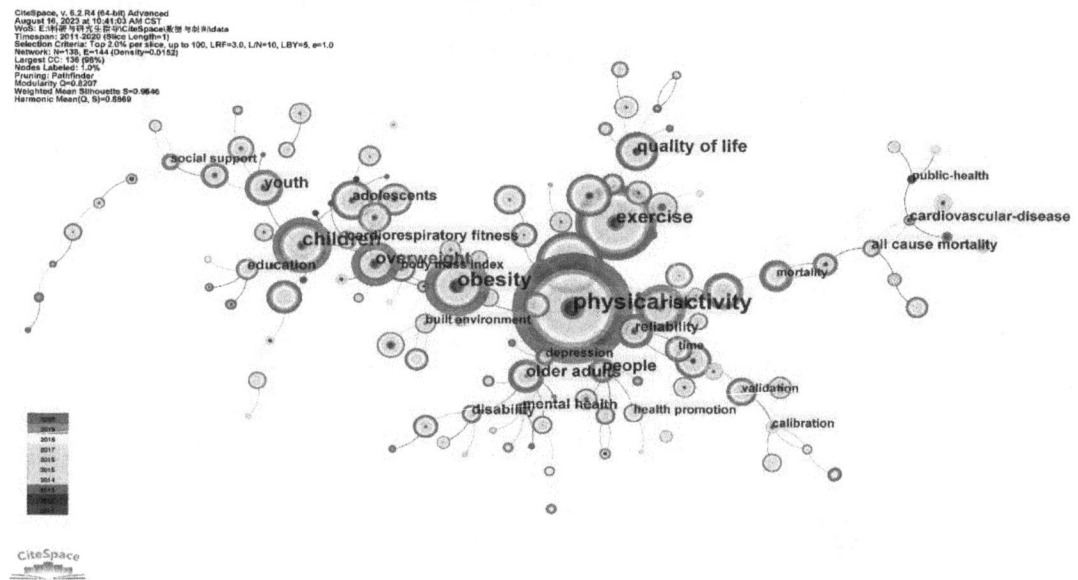

图 5-9　2011—2020 年国际体力活动研究关键词共现网络图谱

关键词	年份	频次	开始年份	结束年份	2011—2020 年
coronary heart disease	2011	45.62	2011	2013	
calibration	2011	32.28	2011	2015	
public-health	2011	29.96	2011	2012	
perceptions	2011	26.31	2011	2012	
activity patterns	2011	25.16	2011	2012	
childhood obesity	2011	14.87	2011	2012	
men	2011	10.35	2011	2012	
leisure time	2011	7.23	2011	2014	
risk-factors	2011	3.11	2012	2013	
physical fitness	2013	25.89	2013	2014	
motor activity	2011	19.28	2013	2014	
nutrition	2014	25.68	2014	2016	
united-states	2011	17.44	2014	2015	
body composition	2011	17.42	2014	2015	
cohort	2015	26.69	2015	2016	
all cause mortality	2012	21.21	2015	2018	
self efficacy	2012	16.71	2015	2016	
older-adults	2011	16.14	2015	2017	
predictors	2011	13.65	2015	2016	
sedentary time	2016	32.82	2016	2020	
health behavior	2012	21.85	2016	2020	
environment	2011	18.68	2016	2017	
management	2017	22.68	2017	2018	
intensity	2014	20.03	2017	2020	
individuals	2011	9.26	2017	2018	
metaanalysis	2011	5.93	2017	2018	
social support	2013	3.98	2017	2020	
symptoms	2018	31.72	2018	2020	
quality	2015	31.2	2018	2020	
sport	2018	30.59	2018	2020	

图 5-10　2011—2020 年国际体力活动研究高突现率关键词（前 30 位）

2011—2020年期间,国际体力活动研究呈现出新的发展趋势和新方向,对国际体力活动研究进行聚类分析发现,138个相对高频关键词被划分为12个聚类(图5-11),整个研究领域中比较重要的研究领域具体如下。

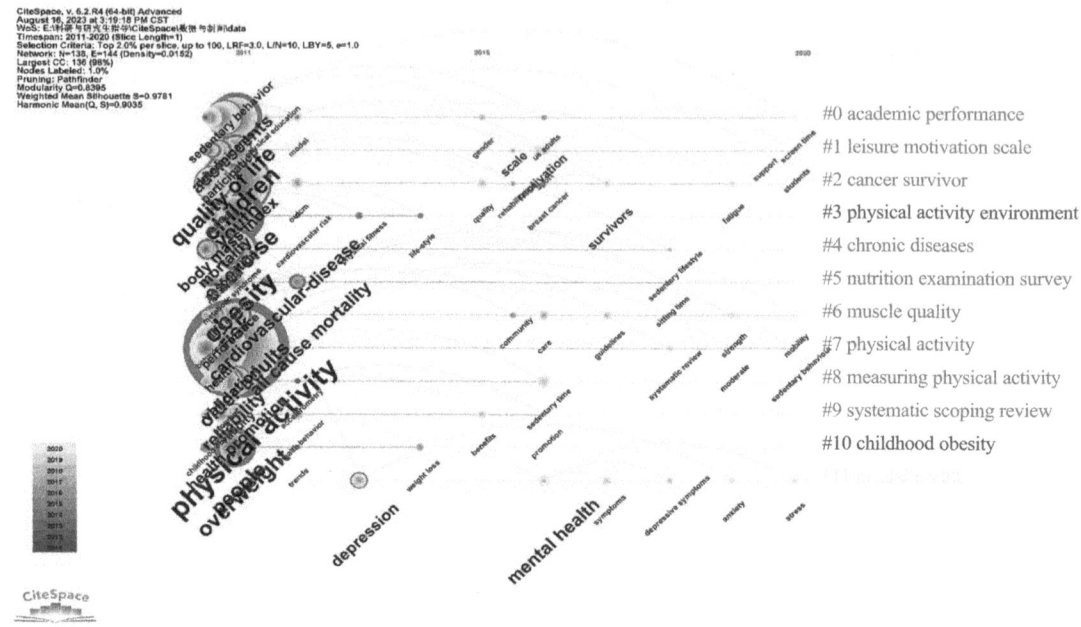

图5-11 2011—2020年国际体力活动研究关键词共现网络图谱(时间线视图)

(1)儿童与青少年体力活动。儿童与青少年体力活动一直是体育学、医学、心理学以及儿科医学领域的专家、学者所关注的重要研究内容。相关研究成果早在20世纪80年代初就已浮现,尤其是21世纪以后,儿童与青少年体力活动研究受到学术界的密切关注,研究成果数量呈高速增长态势,近10年间该主题已成为国际公共健康领域研究的热点与焦点。主要聚焦于体力活动水平、模式与身心健康促进的系统评估,儿童与青少年体力活动参与的制约因素,体力活动、久坐时间与心血管疾病、超重以及肥胖症的内在关联性,体力活动的测量与评价等方面。

(2)健康不平等和社会因素。随着经济的不断发展,研究人员开始更加关注健康不平等和社会因素对体力活动的影响。他们深入探讨社会经济地位、种族和性别等因素对人们体力活动水平的影响,揭示不同群体之间健康差距的社会因素。研究发现高收入人群和高学历人群等比低收入人群和低学历人群参与体力活动水平更高,同时他们进行体力活动锻炼也会更系统、更规律。研究结合社会学、公共卫生学等领域的理论,拓展了对健康不平等问题的认识。

(3)体力活动形式。21世纪,随着世界经济的高速发展,人们的生活水平得到了很大提高,越来越多的运动项目和运动形式逐渐被民众所接受。人们进行体力活动锻炼的形式也逐渐多样化,如户外徒步、户外健身活动、舞蹈和瑜伽等。研究者们将参加这些不同体力活动锻炼对健康的影响,以及如何吸引更多人参与其中进行体力活动锻炼进行了深入研究。研究发现保持规律性的体力活动锻炼和中等强度的体力活动对提升身心健康具有重要意义,同时可通过多样化的运动形式吸引更多的人进行体力活动。该研究领域通过深入研究体力活动形式的生理效应和心理机制,为多样化的体力活动选择提供科学指导。

(4)城市规划与环境设计。研究人员开始更多地关注城市规划和环境设计对体力活动的影响。他们研究如何通过建设步行友好的城市、增加绿地和运动场所等一系列举措,来创造有利于体力活动的环境。同时,该研究领域结合城市规划学、地理信息系统等相关知识,为创建健康的城市环境提供理论支持。

(5)跨学科合作与综合干预。在这个时期,越来越多的研究开始采用跨学科合作的方法,将健康行为、心理学、生物学等多个领域的知识结合起来,以更全面地理解体力活动与健康的关系。此外,研究人员也开始探索综合干预方法,将体力活动与其他健康促进策略相结合,以获得更好的效果,使越来越多的人进行有规律的体力活动锻炼,提高身心健康水平。该研究领域通过整合不同学科的知识为综合性健康干预提供理论基础。

综上所述,2011—2020年期间国际体力活动研究主要集中在儿童与青少年体力活动、健康不平等与社会因素、体力活动形式、城市规划与环境设计以及跨学科合作与综合干预等领域。这些研究为推动体力活动与健康关系的研究和实践提供了有力支持。

第6章 国际体力活动研究的知识结构与演进

6.1 国际体力活动研究的知识结构与理论演进

正如第2章所言,知识图谱专家们将科学计量学用来描述一个知识领域的学科结构,特别是基于引文分析理论的可视化技术的完善、国际大型引文数据库的建立,为揭示科学静态结构、动态结构、超结构、科学研究前沿热点的探测,以及科学发展趋势的预测提供了极大推动力。

用引文分析可视化分析科学的宏观结构、某学科领域的知识结构,始于美国著名情报学家、文献共被引(co-citation)理论的创始人 Henry Small。他在1972年通过对文献知识单元(作者、关键词、参考文献等)的编码和记录,尝试用科学映射方法描述核物理学的科学结构及演变历程;在此基础上,他于1973年创造性地提出了共被引的概念。1974年,他和 Griffith 通过对 SCI 中1972年第一季度的高被引文献进行同被引分析,用文献簇网状图对科学宏观结构进行了展示,并且认为文献同被引分析能够较好地解释学科之间的联系。1999年,Henry Small 又将高被引文献进行同被引聚类,利用不同的圆圈代表不同的学科,每个圆圈里又含该学科不同专业的更小的圆圈,依次类推向下一级直到具有文献组成的文献簇,学科之间通过文献簇联结,展示了某一阶段内各学科之间通过关键性专业论文联接并能显示各学科内等级的宏观图(图6-1),使读者对整个的科学结构以及各学科之间的关系有了一个直观的印象。

自 Henry Small 1973年提出文献共被引的概念之后,美国德雷克塞尔大学情报科学与技术学院教授 Howard D. White 将同被引的概念引入作者,认为在某一学科领域内,对论文作者进行同被引分析也可以考察该学科领域的面貌。Henry Small 曾对1972—1995年间世界情报科学和图书馆自动化领域文献的高被引作者,以 SPSS 为工具,运用聚类分析、多维尺度分析和因子分析对作者同被引进行分析,以图形的方式展示了该阶段情报科学的结构。之后,学者们将同被引引入了学科、期刊、类目(category)等,形成了学科同被引分析、期刊同被引分析、类目同被引分析等。这些同被引分析方法广泛用于科学宏观结构与学科(领域)知识结构的探测。美国桑迪亚国家实验室 Kevinw B. 等2005年对 SCIE 和 SSCI 收录的7121种期刊2000年所刊载论文的超过2308万条引文进行了分析,构造了期刊引用和同被引关系可视化图,展示了大科学的结构;西班牙格拉纳达大学图书馆和信息科学学院 Felix M. A. 根据西班牙2000年被 SCIE、SSCI 和 A&HCI 收录的26 062篇文献的3838种期刊在 JCR 中的类别,对应到西班牙25个学科分类法,进行期刊类别的同被引分析,得到了西班牙大科学结构

第 6 章 国际体力活动研究的知识结构与演进

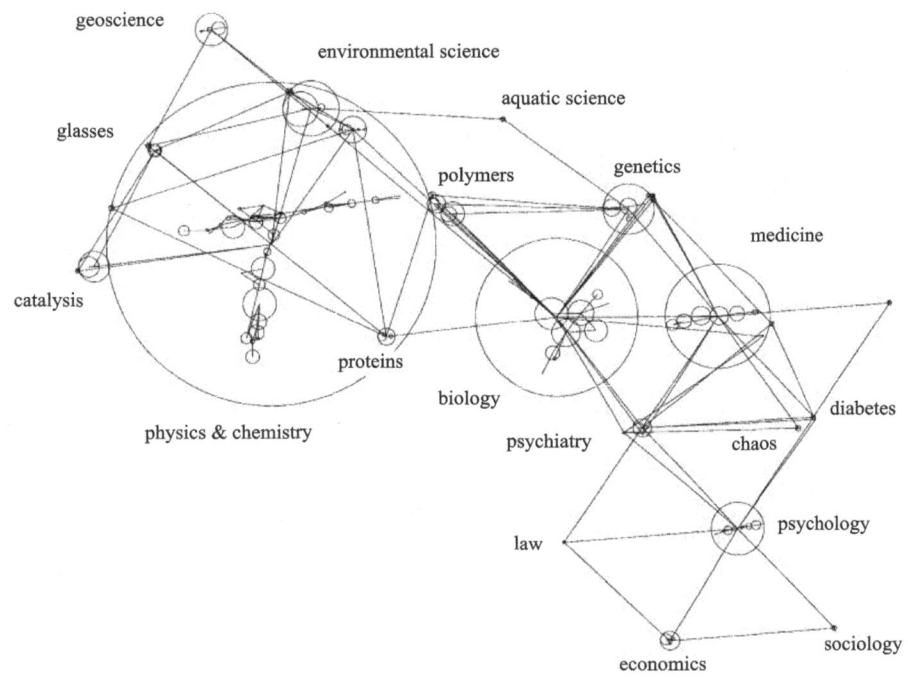

图 6-1 基于文献同被引的科学结构与学科关联(据 Henry Small,1999)

分析的可视化图像。因此,本章也应用基于引文分析的知识图谱方式探究不同阶段国际体力活动研究领域的知识结构、演化的动力及特征。

在社会网络分析中,可以用密度、平均度、最短路径、直径等指标来测度整体知识网络结构。另外,社会网络分析方法对社会学研究的重要贡献之一,就是能定量地描绘社会行动者在社会网络中的地位和影响力,这种影响和支配的权力,在社会网络分析中是通过"中心性"测度来实现的。在 Citespace 中,主要用到了"度中心性"和"中介中心性"两种方式来衡量节点在网络中的重要性:"度中心性"(degree centrality)是历史上第一个且概念最简单,定义为一个节点上事件的链接数量(即一个节点拥有的关系数量);"中介中心性"(betweenness centrality)则量化了一个节点沿着其他两个节点之间的最短路径充当桥梁的次数,在两个随机选择的顶点之间随机选择的最短路径上出现概率高的顶点具有很高的中介性。从知识领域的角度看,高中心性文献一般是提出重要的新理论或是具有重大理论创新的经典文献,也是最有可能形成科学研究前沿热点的文献,是起"知识拐点"作用的关键节点文献,这些文献是知识领域研究理论演进的动力。

Citespace 的另一个主要功能是通过频次增长检测算法考察知识单元(关键词、引文等)被引频次的时间分布,将那些频次变化率高、频次增长速度快的"突现词"或"突现文献"检测出来,用词频的变动趋势,来分析科学领域的前沿热点和发展趋势。在 Citespace 生成的图谱中,"突现词"或"突现文献"节点用醒目的红圈标注。

6.1.1 国际体力活动研究知识结构与理论演进(1981—1990 年)

在 Citespace 控制面板中选择时间段为 1981—1990 年,并设置每个时间区隔为 1 年;节点类型选择"文献共被引"（cited reference）；阈值项选择"Top N％ per slice"，设置阈值为"5％"（即选择每个时间分区中被引频次最高的前5％条引文）后运行软件进行聚类分析，甄别出有效文献645篇，最终绘制出由911个共被引节点和3151条共被引连线组成1981—1990年国际体力活动研究文献引文共被引网络知识图谱。为了进一步更清楚地了解该阶段国际体力活动研究的知识结构，利用Citespace的自动聚类功能，共形成了8个聚类，更加生动形象地展现了该阶段体力活动研究的主要领域（图6-2、图6-3）。

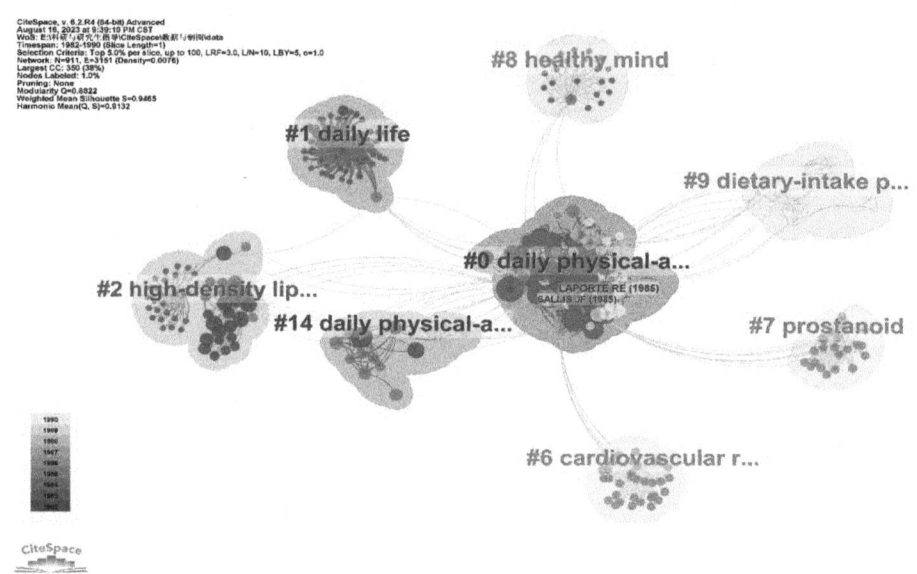

图 6-2　1981—1990年国际体力活动研究文献共被引聚类图谱（聚类视图）

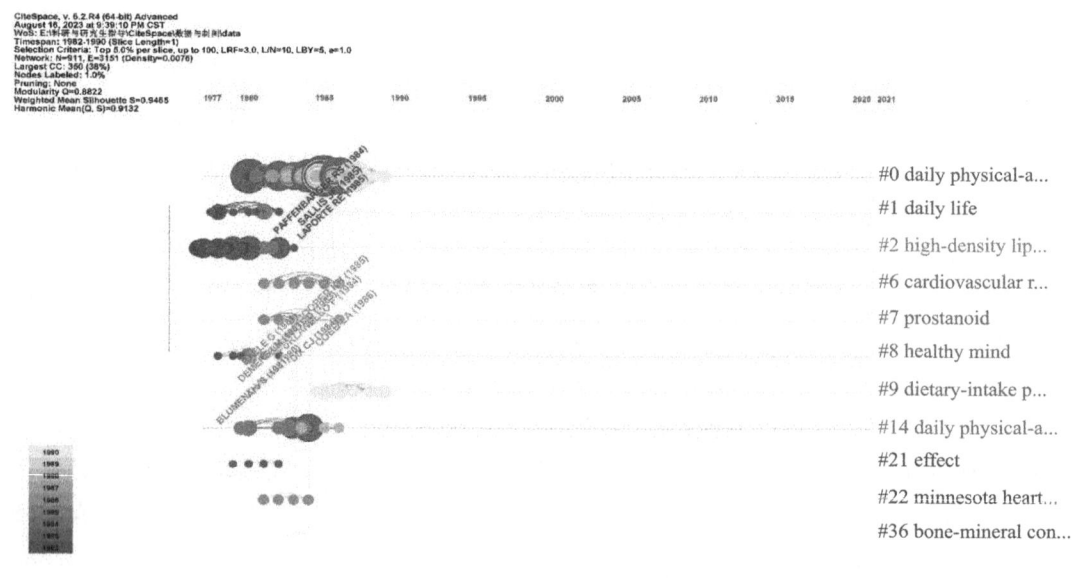

图 6-3　1981—1990年国际体力活动研究文献共被引聚类图谱（时间线视图）

第 6 章 国际体力活动研究的知识结构与演进

利用软件的自动标注功能,可以给每个聚类标注词(标注词从文献的题目、摘要、系索词和文献记录的标示符中提取)。图谱的 silhouette 值(S 值,轮廓系数)为 0.946 5,silhouette 取值范围为 $-1 \sim 1$,其值越接近 1,说明这个聚类的主题越明确、聚类内文章内容越相近。本文聚类结果的值接近于 1,说明本次聚类是合适的。根据聚类的标注词的内容、词的权重,共被引网络中节点文献信息以及聚类叠加的直观状况,将原来自动标识的 11 个聚类凝聚为 8 个研究主题,各聚类的文献数量如表 6-1 所示。我们也可以用时间线视图更清楚地观察各聚类的基本情况(图 6-3)。

表 6-1 1981—1990 年国际体力活动研究知识结构图谱中各聚类信息一览表

聚类号	文献数量	S 值	LSI 标签	LLR 标签	MI 标签	聚类文献平均年份
0	102	0.834	coronary heart-disease	daily physical-activity	main conclusion	1984
1	64	0.997	physical-activity	daily life	main conclusion	1980
2	51	0.984	lipid research clinics	high-density lipoprotein cholesterol	lipoprotein level	1979
6	33	1	the cardiovascular risks of physical-activity	cardiovascular risk	coronary heart-disease	1983
7	23	1	physical-activity and prostanoids	prostanoid	coronary heart-disease	1982
8	22	0.999	physical-activity and the healthy mind	healthy mind	coronary heart-disease	1980
9	20	0.980	childhood physical-activity	dietary-intake physical-activity	coronary heart-disease	1986
14	15	0.979	daily physical-activity	daily physical-activity	main conclusion	1983
21	9	1	effects of early postmyocardial infarction exercise testing on self-perception and subsequent physical-activity	effect	coronary heart-disease	1980
22	8	1	population strategies to enhance physical-activity-the minnesota heart health-program	minnesota heart health-program	coronary heart-disease	1983
36	3	0.997	daily physical-activity	bone-mineral content	coronary heart-disease	1983

注:图谱中实际聚类为 11 个,但 21 号、22 号、36 号聚类文献量较少,分析中予以省略。

下面结合图 6-1 中各聚类中度中心性值较高的文献来分析国际体力活动研究的知识结构与演进动力。

0 号聚类是关于"病症流行病学与体力活动相关性研究"的主题,共有 102 篇文献,度中心性大于 20 的文献共 20 篇。其中度中心性前 3 位的文献分别为:北卡罗来纳州立大学医学院医学系流行病学助理教授 Siscovick R. 所著 *The disease-specific benefits and risks of physical activity and exercise*(谷歌学术被引用次数 400),研究通过缺乏身体活动与冠心病、高血压、糖尿病和骨质疏松症的发生的流行病学调查,提出未来的努力应确定所需体力活动的类型、强度、频率和持续时间,以最大限度地提高体力活动的益处并最大限度地减少体力活动的危害,并对这些问题的公共卫生和临床意义以最严格可行的方式进行审查;加利福尼亚大学普通儿科 James F 和 Sallis J. F. 所著 *Physical activity assessment methodology in the Five-City Project*(谷歌学术被引用次数,2226)认为以前用于流行病学研究的体力活动测量不足以满足基于社区健康教育试验的需要,因此开发了量化社区体力活动习惯的新方法,并应用于加州城市样本的体力活动测量,分析了体力活动与年龄、教育程度、职业、种族、婚姻状况和体重指数之间的关系;明尼苏达大学医学院医学系脂质研究诊所首席心脏病学家、公共卫生学院流行病学系应用生理营养科教授兼主任 Leon A. S. 所著 *Physical activity levels and coronary heart disease: analysis of epidemiologic and supporting studies*(谷歌学术被引用次数 122),在冠心病流行病学调查的基础上重点讨论了习惯性体育锻炼可以预防部分冠心病的原发性或继发性事件以及部分降低相关死亡率。由此可见,流行病学作为一门方法学与应用科学相融合的学科,自 19 世纪中期形成以来,成为预防和控制人类疾病的重要基础,体力活动研究的重要性正是基于大量的病症流行病学调查,系统流行病学和实施性研究的发展将更好地指导体力活动不足的医学基础研究和疾病防控实践,在微观上推动对病因学机制的深入研究,在宏观上促进医学基础科研成果更有效地向公共卫生实践应用转化。

1 号聚类是关于"体力活动相关性研究"的主题,共有 64 篇文献,度中心性大于或等于 15 的文献共 9 篇。其中度中心性前 3 位的文献分别为:德国戴塞尔多夫大学糖尿病研究所医学系和生理化学系的 Becker-Zimmermann K. 等所著 *Treadmill training improves intravenous glucose tolerance and insulin sensitivity in fatty zucker rats*(谷歌学术被引用次数 82),通过研究跑步机训练对体内葡萄糖耐量和胰岛素敏感性的影响调查,提出通过体育训练可以大幅改善糖耐量受损,如果开始进行体能训练,可以预防这些动物出现葡萄糖不耐症的发生,结果表明如果在生命早期就开始进行体育训练,可以预防这些动物出现葡萄糖不耐受症;德菲尔多夫大学生理化学研究所医学系的 Berger M. 等所著 *Effect of physical training on glucose tolerance and on glucose metabolism of skeletal muscle in anaesthetized normal rats*(谷歌学术被引用次数 151),通过研究体育训练对体内葡萄糖耐量和骨骼肌葡萄糖代谢的影响,结果表明温和的体能训练可改善正常大鼠的葡萄糖耐量和胰岛素敏感性,至少部分原因是胰岛素敏感性的增加;Berger M. 等所著 *Absorption kinetics and biologic effects of subcutaneously injected insulin preparations*(谷歌学术被引用次数 352),介绍了对 52 名男性非肥胖志愿者(年龄在 20~30 岁之间)从皮下组织胰岛素库吸收外源性胰岛素的动力学进行的系统研究,对于试图改善胰岛素糖尿病患者的代谢控制具有潜在的益处。

第 6 章　国际体力活动研究的知识结构与演进

2号聚类是关于"血脂研究诊所相关性研究"的主题，共有51篇文献，度中心性大于或等于10的文献共15篇。其中度中心性前3位的文献分别为：Lehtonen A. 所著 *The effect of vigorous physical activity at work on serum lipids with a special reference to serum high-density lipoprotein cholesterol*（谷歌学术被引用次数104），通过将职业体力活动最剧烈的伐木工人与电工的血清脂质浓度进行比较，得出伐木工人在工作中剧烈运动对脂质代谢的有利影响并不明显是由伐木工人生活中的负面风险因素造成的结论；Enger S. C. 所著 *High density lipoproteins（HDL）and physical activity：the influence of physical exercise, age and smoking on HDL-cholesterol and the HDL-/total cholesterol ratio*（谷歌学术被引用次数292），通过检查220名受过训练的男性在参加越野滑雪比赛的高密度脂蛋白胆固醇和高密度脂蛋白/总胆固醇比率，得出较高的高密度脂蛋白胆固醇水平可能是闲暇时参加体育锻炼的男性冠心病发病率较低的结论；Wood P. D. 和 Haskell W. L. 所著 *The effect of exercise on plasma high density lipoproteins*（谷歌学术被引用次数435），通过汇总人体剧烈运动对血浆脂质和脂蛋白的影响，并特别强调了高密度脂蛋白的作用，得出运动量增加会导致甘油三酯、极低密度脂蛋白和低密度脂蛋白的血浆浓度降低的结论。

6号聚类是关于"体力活动对于心血管危害的相关性研究"的主题，共有33篇文献，度中心性大于或等于30的文献共6篇。其中度中心性前3位的文献分别为：Epstein S. E. 所著 *Sudden death and the competitive athlete：perspectives on preparticipation screening studies*（谷歌学术被引用次数208），提出个人或团体可以进行费用较低的有限筛查，以确定一些在运动比赛中可能发生猝死的受试者；Furlanello F. 等所著 *Ventricular arrhythmias and sudden death in athletes*（谷歌学术被引用次数66），从病理学的角度来探讨运动员心律失常猝死的问题，并试图确定心血管适应的机制，对因心律失常而转诊的运动员和被认为正常的运动员进行了识别；Cobb L. A. 所著 *Exercise：a risk for sudden death in patients with coronary heart disease*（谷歌学术被引用次数175），认为在几分钟的剧烈运动过程中或之后，运动导致心脏骤停的额外风险可能比不运动的风险超100倍。

7号聚类是关于"体力活动和前列腺素相关性研究"的主题，共有23篇文献，度中心性大于或等于23的文献共9篇。其中度中心性前3位的文献分别为：Davies M. J. 和 Thomas A. 所著 *Thrombosis and acute coronary-artery lesions in sudden cardiac ischemic death*（谷歌学术被引用次数2323），认为心脏缺血性猝死的病理病变性质存在争议，缺血性猝死的病理过程涉及冠状动脉病变的快速发展，其中存在斑块破裂和血栓形成，这些发现对通过抗血栓治疗预防心脏性猝死具有重要意义；Burghuber O. 所著 *Thrombosis and acute coronary-artery lesions in sudden cardiac ischemic death*（谷歌学术被引用次数23），研究结果表明血小板敏感性的早期改变可能在维持止血平衡方面起着关键作用，其重要性可能超过血管壁 PGI2 的合成，而 PGI2 的形成变化则是一个长期的过程；Baele G. 等所著 *Platelet activation during treadmill exercise in patients with chronic peripheral arterial disease*（谷歌学术被引用次数29），对59名慢性外周动脉疾病患者在跑步机运动前和运动后5分钟内直至出现跛行时的β-血栓球蛋白进行了测定，因此在对血管系统进行动态检测时，可能更难检测到 PF-4 水平的升高。

8号聚类是关于"体力活动与健康心理相关性研究"的主题,共有22篇文献,度中心性大于或等于21的文献共2篇。其中度中心性前3位的文献分别为:Blumenthal J. A. 等所著 *Effects of exercise on the type A (coronary prone) behavior pattern1*(谷歌学术被引用次数140),介绍了通过参加为期10周的监督锻炼计划来降低一群健康的中年人患冠心病(CHD)的风险得出在非临床样本的健康成年人中,有监督的定期锻炼计划能成功改变与冠心病风险增加相关的生理和心理变量的结论;Jasnoski M. L. 和 Holmes D. S. 所著 *Influence of initial aerobic fitness, aerobic training and changes in aerobic fitness on personality functioning*(谷歌学术被引用次数63),103名女性在参加为期15周的有氧训练之前和之后获得了反映有氧表现和人格功能的数据,结果表明较好的人格功能与较高的初始有氧健身水平有可靠的联系,而与参加训练计划无关;Cox M. 等所著 *Influence of an employee fitness programme upon fitness, productivity and absenteeism*(谷歌学术被引用次数338),对1125名志愿者健身计划的反应进行了研究,从整体上看,受试者的最大摄氧量和柔韧性都有所提高,身体脂肪也有所减少,其中坚持锻炼计划的受试者变化最大。

9号聚类是关于"儿童体力活动相关性研究"的主题,共有20篇文献,度中心性大于或等于7的文献共7篇。其中度中心性前3位的文献分别为:Jackson A. S. 和 Pollock M. L. 所著 *Practical assessment of body composition*(谷歌学术被引用次数1959),回顾通用身体成分预测方程的科学依据,并提供评估身体成分的方法,并详细说明如何确保准确测量体脂;Saris W. H. 所著 *Habitual physical activity in children: methodology and findings in health and disease*(谷歌学术被引用次数301),讨论有关习惯性体力活动测量的最新技术,确定可能导致儿童体力活动不足的因素,并概述了应重点研究的具体问题;SALLIS J. F. 等所著 *Relation of cardiovascular fitness and physical activity to cardiovascular disease risk factors in children and adults*(谷歌学术被引用次数460),研究了88名男性成年人、180名女性成年人、148名男性儿童和142名女性儿童的体育锻炼及心血管健康与心血管疾病风险因素的关系。

14号聚类是关于"日常体力活动相关性研究"的主题,共有15篇文献,度中心性大于或等于9的文献共5篇。其中度中心性前3位的文献分别为:Block G. 所著 *A review of validations of dietary assessment methods*(谷歌学术被引用次数1383),认为营养致病原因研究的主要障碍是对现有膳食评估方法有效性的不确定性,以及由此产生的结果的不确定性;Pocock N. A. 等所著 *Physical fitness is a major determinant of femoral neck and lumbar spine bone mineral density*(谷歌学术被引用次数386),研究了84名正常女性的体能与股骨颈、腰椎和前臂骨量之间的关系,体能是预测股骨颈骨矿物质密度的唯一重要指标,而体重和体能都能预测腰椎骨矿物质密度,这些数据首次证明了体能以及习惯性体育锻炼与股骨颈骨质之间的相关性,还支持了之前报道的腰椎骨质与体育锻炼之间的相关性;Cann C. E. 等所著 *Decreased spinal mineral content in amenorrheic women*(谷歌学术被引用次数608),认为绝经前闭经的妇女可能有骨质疏松症的风险,在高催乳素血症中,皮质骨量会减少,减少的程度与雌激素缺乏的严重程度相关,对患有下丘脑性和高催乳素性闭经以及卵巢早衰的妇女进行了研究。

第 6 章　国际体力活动研究的知识结构与演进

按照突现情况排名,0 号聚类中的 Paffenbarger R. S. (1986) 排名第一,突现率为 9.40;第二名是 0 号聚类中的 Washburn R. A. (1986),突现率为 8.64;第三名是 0 号聚类中的 Morris J. N. (1980),突现率为 7.67;第四名是 0 号聚类中的 Laporte R. E. (1985),突现率为 7.63;第五名是 0 号聚类中的 Blair S. N. (1985),突现率为 6.84;第六名是 0 号聚类中的 Vena J. E. (1985),突现率为 6.36;第七名是 0 号聚类中的 Stephens T. (1985),突现率为 5.82;第八名是 0 号聚类中的 Haskell W. L. (1984),突现率为 5.68;第九名是 0 号聚类中的 Gerhardsson M. (1986),突现率为 5.60;第十名是 0 号聚类中的 Salonen J. T. (1982),突现率为 5.42 (表 6-2)。

表 6-2　1981—1990 年国际体力活动研究知识结构图谱高突现率文献(前 10 位)

突现率	作者	文献	聚类号
9.40	Paffenbarger R. S. et al.	Physical-activity and longevity of college alumni-reply	0
8.64	Washburn R. A. et al.	The assessment of physical-activity by questionnaire	0
7.67	Morris J. N. et al.	The forms of autobiography-episodes in the history of a literary-genre-spengemann, wc	0
7.63	Laporte R. E. et al.	Assessment of physical-activity in epidemiologic research-problems and prospects	0
6.84	Blair S. N. et al.	Assessment of habitual physical-activity by a 7-day recall in a community survey and controlled experiments	0
6.36	Vena J. E. et al.	Lifetime occupational exercise and colon cancer	0
5.82	Stephens T. et al.	A descriptive epidemiology of leisure-time physical-activity	0
5.68	Haskell W. L. et al.	Exercise-induced changes in plasma-lipids and lipoproteins	0
5.60	Gerhardsson M. et al.	Sedentary jobs and colon cancer	0
5.42	Salonen J. T. et al.	Physical-activity and risk of myocardial-infarction, cerebral stroke and death-a longitudinal-study in eastern finland	0

按照度中心性排名,1 号聚类中的 Ahlborg G. (1982) 排名第一,度中心性值为 63;第二名是 1 号聚类中的 Berger M. (1982),度中心性值为 63;第三名是 1 号聚类中的 Beckerzimmermann K. (1982),度中心性值为 63;第四名是 1 号聚类中的 Berger M. (1982),度中心性值为 63;第五名是 1 号聚类中的 Berger M. (1982),度中心性值为 63;第六名是 1 号聚类中的 Berger M. (1979),度中心性值为 63;第七名是 1 号聚类中的 Blackburn G. L. (1978),度中心性值为 63;第八名是 1 号聚类中的 Berger M. (1979),度中心性值为 63;第九名是 3 号聚类中的 Bolivar F. (1978),度中心性值为 45;第十名是 3 号聚类中的 Bowman C. M. (1981),度中心性值为 45(表 6-3)。

表 6-3　1981—1990 年国际体力活动研究知识结构图谱高度中心性文献（前 10 位）

度中心性	作者	文献	聚类号
63	Ahlborg G. et al.	Lactate and glucose exchange across the forearm, legs, and splanchnic bed during and after prolonged leg exercise	1
63	Berger M.	Absorption kinetics and biologic effects of subcutaneously injected insulin preparations	1
63	Beckerzimmermann K. et al.	Treadmill training improves intravenous glucose-tolerance and insulin sensitivity in fatty zucker rats	1
63	Berger M. et al.	Absorption kinetics and biologic effects of subcutaneously injected insulin preparations	1
63	Berger M. et al.	Absorption kinetics and biologic effects of subcutaneously injected insulin prepa-1rations	1
63	Berger M. et al.	Effect of physical training on glucose tolerance and on glucose metabolism of skeletal muscle in anaesthetized normal rats	1
63	Blackburn G. L. et al.	Multidisciplinary approach to adult obesity therapy	1
63	Berger M. et al.	Pharmacokinetics of subcutaneously injected tritiated insulin: effects of exercise	1
45	Bolivar F. et al.	Construction and characterization of new cloning vehicles III. Derivatives of plasmid pBR322 carrying unique Eco RI sites for selection of Eco RI generated recombinant DNA molecules	3
45	Bowman C. M. et al.	Construction and characterization of new cloning vehicles III. Derivatives of plasmid pBR322 carrying unique Eco RI sites for selection of Eco RI generated recombinant DNA molecules	3

6.1.2　国际体力活动研究知识结构与理论演进（1991—2000 年）

在 Citespace 控制面板选择时间段为 1991—2000 年，并设置每个时间区隔为 1 年；节点类型选择"文献共被引"（cited reference）；阈值项选择"Top $N\%$ per slice"，设置阈值为"10%"（即选择每个时间分区中被引频次最高的前 10% 条引文）后运行软件进行聚类分析，甄别出有效文献 2025 篇，最终绘制出由 864 个共被引节点和 3857 条共被引连线组成 1991—2000 年国际体力活动研究文献引文共被引网络知识图谱。为了进一步更清楚地了解该阶段国际体力活动研究的知识结构，利用 Citespace 的自动聚类功能，共形成了 10 个聚类，更加生动形象地展现了该阶段体力活动研究的主要领域（图 6-4、图 6-5）。

第 6 章 国际体力活动研究的知识结构与演进

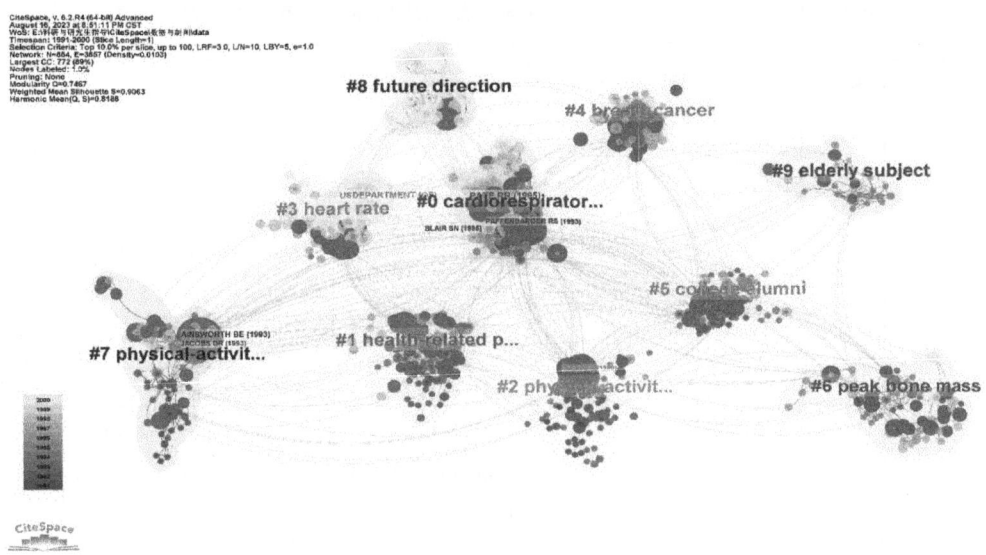

图 6-4　1991—2000 年国际体力活动研究文献共被引聚类图谱（聚类视图）

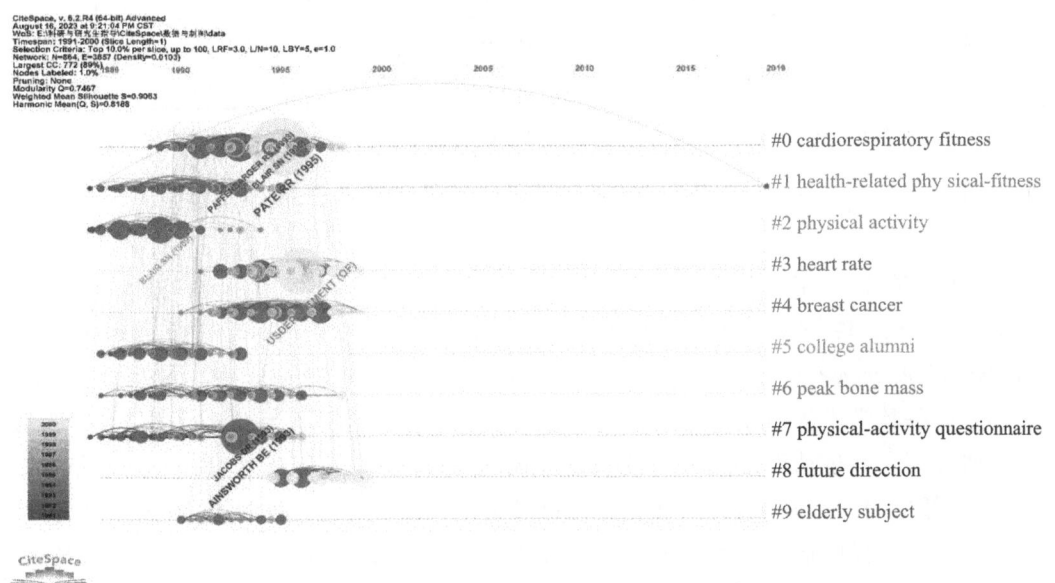

图 6-5　1991—2000 年国际体力活动研究文献共被引聚类图谱（时间线视图）

利用软件的自动标注功能，给每个聚类标注了聚类标注词。图谱的 silhouette 值为 0.906 3，接近 1，说明本次聚类是合适的。根据聚类的标注词的内容、词的权重，共被引网络中节点文献信息以及聚类叠加的直观状况，将原来自动标识的 10 个聚类凝聚为 10 个研究主题，各聚类的文献数量如表 6-4 所示。我们也可以用时间线视图更清楚地观察各聚类的基本情况（图 6-4）。

表 6-4　1991—2000 年国际体力活动研究知识结构图谱中各聚类信息一览表

聚类号	文献数量	S 值	LSI 标签	LLR 标签	MI 标签	聚类文献平均年份
0	145	0.800	physical activity	cardiorespiratory fitness	physical activity sports participation	1992
1	99	0.912	physical activity	health-related physical-fitness	physical activity sports participation	1990
2	88	0.904	body-fat distribution	physical activity	other lifeway pattern	1988
3	87	0.947	physical activity	heart rate	female adolescent	1995
4	77	0.962	physical activity	breast cancer	epidemiologic literature	1994
5	74	0.900	college alumni	college alumni	heart-rate physical-activity	1990
6	68	0.958	physical activity	peak bone mass	moderate level	1992
7	64	0.917	physical activity	physical-activity questionnaire	birmingham alabama	1990
8	39	0.940	physical activity	future direction	elderly female	1997
9	23	0.973	elderly subject	elderly subject	physical activity	1992
11	8	1	bone	physical-activity	physical activity	1987

注：图谱中实际聚类为 11 个，但 11 号聚类文献量较少，分析中予以省略。

下面结合图 6-4 中各聚类中度中心性值较高的文献来分析国际体力活动研究的知识结构与演进动力。

0 号聚类是关于"心肺功能与体力活动相关性研究"的主题，共有 145 篇文献，度中心性大于或等于 10 的文献共 52 篇。其中度中心性前 3 位的文献分别为：King A. C. 等所著 *Group-vs home-based exercise training in healthy older men and women：a community-based clinical trial*（谷歌学术被引用次数 807），确定对久坐不动的健康老年人进行高强度和低强度集体运动训练与家庭运动训练的效果，这项社区运动训练改善了久坐不动的健康老年人的体能，但没有降低他们的心脏病风险，在产生这些变化方面，家庭运动与集体运动同样有效，低强度运动训练与高强度运动训练同样有效，运动计划相对安全；Pate R. R. 等所著 *Physical activity and public health：a recommendation from the Centers for Disease Control and Prevention and the American College of Sports Medicine*（谷歌学术被引用次数 11 979），就促进健康和预防疾病所需的体育活动类型和数量发布公共卫生建议，鼓励各年龄段的美国人更多地参加体育活动，每个美国成年人都应在一周中的大部分时间，最好是全部时间，进行 30 分钟或更长时间的中等强度体育锻炼；Dishman R. K. 所著 *Increasing and maintaining exercise and physical activity*（谷歌学术被引用次数 470），对 56 项利用行为矫正或认知行为矫正来增加和保持运动及体育锻炼的研究进行了严格的审查，研究表明在使用所有干预措施的同时，自我报告的体育锻炼频率和参加锻炼计划的人数都有所增加，还讨论了与采用和保持运动和体育锻炼相关的个人属性、环境和体育锻炼特征,因为它们会影响行为疗法干预措施。

1号聚类是关于"与健康有关的体适能相关性研究"的主题,共有99篇文献,度中心性大于或等于15的文献共16篇。其中度中心性前3位的文献分别为:PÉRUSSE L等所著 *Genetic and environmental influences on level of habitual physical activity and exercise participation*(谷歌学术被引用次数456),记录得出了习惯性体力活动水平(包括所有通常的生活活动)和运动参与水平(包括需要5倍以上静态耗氧量的活动),研究结果表明,儿童可以从父母那里获得某些有关锻炼行为的习惯,而且自发锻炼的倾向可能部分受到基因的影响;Bandini L. G.等所著 *Energy expenditure in obese and nonobese adolescents*(谷歌学术被引用次数405),使用间接热量计和双标记水法测量了28名12~18岁非肥胖青少年和35名肥胖青少年的身体成分、基础代谢率(BMR)和总能量消耗得出能量消耗减少不可能是导致青少年肥胖原因的结论;Pate R. R.等所著 *Associations between physical activity and physical fitness in American children*(谷歌学术被引用次数245),研究1.6km跑步/步行成绩和三种皮褶厚度总和这两种体能测量指标与选定的体育活动因素之间的关系,结果表明幼儿的体力活动和体能有显著的相关性,这表明关于增强儿童体力活动的干预措施值得研究。

2号聚类是关于"体力活动相关性研究"的主题,共有88篇文献,度中心性大于或等于15的文献共19篇。其中度中心性前3位的文献分别为:Donahue R. P.等所著 *Physical activity and coronary heart disease in middle-aged and elderly men: the Honolulu Heart Program*(谷歌学术被引用次数221),研究参加檀香山心脏计划的中年男性(45~64岁)和老年男性(65~69岁)的体育锻炼与确诊冠心病的关系,结果表明体力活动水平的增加与确诊冠心病的风险成反比;Ekelund L. G.所著 *Physical fitness as a predictor of cardiovascular mortality in asymptomatic North American men*(谷歌学术被引用次数961),关于身体素质与心血管疾病死亡率之间的关系,较低的身体素质水平与较高的心血管和冠心病死亡风险相关;Dowse G. K.等所著 *Abdominal obesity and physical inactivity as risk factors for NIDDM and impaired glucose tolerance in Indian, Creole, and Chinese Mauritians*(谷歌学术被引用次数366),确定在印度教徒和穆斯林亚洲印度人、非洲裔克里奥尔人和中国毛里求斯人中,肥胖、腹部脂肪分布和缺乏运动是否类似且独立地作为非胰岛素依赖型糖尿病(NIDDM)和糖耐量受损(IGT)的危险因素,在对所有其他因素进行调整后,印度教种族在男性中增加了NIDDM(但不是IGT)的风险,但在女性中没有明显的种族差异。

3号聚类是关于"心率与体力活动相关性研究"的主题,共有87篇文献,度中心性大于或等于15的文献共10篇。其中度中心性前3位的文献分别为:Welk G. J.和Corbin C. B.所著 *The validity of the Tritrac-R3D activity monitor for the assessment of physical activity in children*(谷歌学术被引用次数237),研究的目的是评估Tritrac-R3D活动监测仪的有效性,这是一种旨在改进体力活动评估的新仪器并与心率监测器和Caltrac活动监测器进行比较,Tritrac每分钟评估活动的能力可能会大大提高其整体效用;Zakarian J. M.等所著 *Correlates of vigorous exercise in a predominantly low SES and minority high school population*(谷歌学术被引用次数431),确定少数民族和社会经济地位低的青少年剧烈运动的相关性,结果表明在少数民族和社会经济地位较低的青少年中,剧烈运动的流行率随着年龄的增长或学生不需要参加学校体育课而降低,社会因素可能有助于维持剧烈运动;Troiano R. P. 等所著 *Overweight prevalence and trends for children and adolescents: the national health and nutrition examination surveys*, *1963 to 1991*(谷歌学术被引用次数 2261),调查美国儿童和青少年超重患病率和超重趋势,青少年超重的增加意味着需要关注一级预防,尝试增加身体活动可能为解决这一重要的公共卫生问题提供手段。

4 号聚类是关于"乳腺癌与体力活动相关性研究"的主题,共有 77 篇文献,度中心性大于或等于 30 的文献共 14 篇。其中度中心性前 3 位的文献分别为:Friedenreich C. M. 和 Rohan T. E. 所著 *Physical activity and risk of breast cancer*(谷歌学术被引用次数 145),发现乳腺癌风险随着总娱乐性身体活动水平的增加而降低,对于进行任何剧烈活动的妇女来说,娱乐性体育活动的风险降低最为明显;Bernstein L. 等所著 *Physical exercise and reduced risk of breast cancer in young women*(谷歌学术被引用次数 763),流行病学证据强烈表明实施定期体育锻炼计划作为健康生活方式的关键组成部分应该是青少年和成年女性的高度优先事项;Pukkala E. 等所著 *Life-long physical activity and cancer risk among Finnish female teachers*(谷歌学术被引用次数:161),身体活动的潜在保护作用是如此之小,以至于需要更大的身体活跃女性群体来证明这一点。

5 号聚类是关于"大学校友相关性研究"的主题,共有 74 篇文献,度中心性大于等于 20 的文献共 13 篇。其中度中心性前 3 位的文献分别为:Lee I. M. 等所著 *Physical activity and risk of developing colorectal cancer among college alumni*(谷歌学术被引用次数 400),研究了 17 148 名年龄在 30~79 岁之间的哈佛校友,要么持续更高水平的活动是预防结肠癌所必需的,要么是结合两种评估来提高身体活动测量的精度;De Verdier M. G. 所著 *Physical activity and colon cancer: a case-referent study in Stockholm*(谷歌学术被引用次数 155),低体力活动与男性和女性患结肠癌的风险过高有关,显示出与体力活动水平下降的剂量反应关系;Albanes D. A. 等所著 *Validation and comparison of eight physical activity questionnaires*(谷歌学术被引用次数 233),从问卷中得出的身体活动指数或每日能量消耗估计值通常随着能量摄入的增加而增加,尽管对个人能量消耗或身体活动的估计可能不是最佳的,但所评估的大多数问卷都为这些参数提供了合理的组均值。

6 号聚类是关于"峰值骨值相关性研究"的主题,共有 68 篇文献,度中心性大于 10 的文献共 14 篇。其中度中心性前 3 位的文献分别为:Smith E. L. 等所著 *Deterring bone loss by exercise intervention in premenopausal and postmenopausal women*(谷歌学术被引用次数 261),调查了 4 年运动干预在阻止中年妇女骨质流失方面的功效,是对先前发表的数据的纠正和扩展,结果表明体育锻炼显著减少了中年妇女手臂的骨质流失;Bonjour J. P. 等所著 *Critical years and stages of puberty for spinal and femoral bone mass accumulation during adolescence*(谷歌学术被引用次数 1497),在青春期发育期间,根据性别和骨骼部位观察到骨量增长的主要差异,在男性和女性中,骨量继续在所有骨骼部位大量积累,直到第四个 10 年,在人类生理学中可能不是恒定的;Recker R. R. 等所著 *Bone gain in young adult women*(谷歌学术被引用次数 1165),身体活动和膳食钙摄入量都对骨骼增加产生积极影响,女性生活方式的改变,包括体力活动和钙摄入量的相对适度增加,可能会显著降低晚年骨质疏松症的风险。

7号聚类是关于"体力活动问卷相关性研究"的主题,共有64篇文献,度中心性大于或等于10的文献共13篇。其中度中心性前3位的文献分别为:Jacobs Jr D. R.等所著 *A simultaneous evaluation of 10 commonly used physical activity questionnaires*(谷歌学术被引用次数2191),身体活动有多个不重叠的维度,反映在多个不重叠的验证领域,比调查表的长度或对细节的关注更重要的是其问题的逻辑,未来问卷中应涉及的重要身体活动领域包括睡眠、轻度、中度和高强度休闲活动、家务和职业活动;Blair S. N.等所著 *Reliability of long-term recall of participation in physical activity by middle-aged men and women*(谷歌学术被引用次数199),对长期身体活动回忆的问卷评估似乎是可靠的,回忆间隔长达10年不是一个重要因素,并且对剧烈活动的回忆比强度较低的活动更准确;Ainsworth B. E.等所著 *Compendium of physical activities: classification of energy costs of human physical activities*(谷歌学术被引用次数5503),提出了一种编码方案,用于按能量消耗率(即按强度)对身体活动进行分类,将提高使用身体活动自我报告的研究之间结果的可比性。

8号聚类是关于"未来方向相关性研究"的主题,共有39篇文献,度中心性大于或等于7的文献共11篇。其中度中心性前3位的文献分别为:Crespo C. J.等所著 *Leisure-time physical activity among US adults: results from the Third National Health and Nutrition Examination survey*(谷歌学术被引用次数787),许多美国人在闲暇时间不活跃或不规律地活跃,妇女、老年人、非西班牙裔黑人和墨西哥裔美国人的不活动率更高,旨在促进所有美国人终生身体活动的干预策略是一个重要的健康优先事项;Sallis J. F.等所著 *Environmental and policy interventions to promote physical activity*(谷歌学术被引用次数1822),环境和政策变量与年轻人和成年人的身体活动行为有关,缺乏概念模型和评估的固有困难阻碍了对环境和政策干预的研究,需要进一步的研究,从业者和研究人员应该共同努力评估项目;Young D. R.等所著 *Physical activity patterns of urban African Americans*(谷歌学术被引用次数89),这项研究评估了城市非裔美国人样本的身体活动模式,他们以前没有很好地描述过参与体育活动的情况。

9号聚类是关于"老人学科相关性研究"主题的研究,共有23篇文献,度中心性大于等于10的文献共6篇。其中度中心性前3位的文献分别为:Goran M. I.和Poehlman E. T.所著 *Total energy expenditure and energy requirements in healthy elderly persons*(谷歌学术被引用次数315),由于身体活动的变化,健康老年受试者的总能量消耗差异很大;Poehlman E. T.等所著 *Influence of aerobic capacity, body composition, and thyroid hormones on the age-related decline in resting metabolic rate*(谷歌学术被引用次数139),研究最大摄氧量($\dot{V}O_{2max}$)可能部分解释老年男性较低的静息代谢率,在考虑无脂肪体重和脂肪重量的差异后,考虑能量摄入和血浆甲状腺激素的差异是男性静息代谢率年龄相关下降的可能调节剂;Westerterp K. R.等所著 *Fat-free mass as a function of fat mass and habitual activity level*(谷歌学术被引用次数39),研究无脂质量作为影响能量代谢的途径的可能决定因素,对现有数据集进行分析,观察了身高、脂肪量(FM)、无脂肪量(FFM)和习惯性身体活动水平(PA),讨论运动训练对实况调查团没有影响,即在减重方案中进行额外运动。

根据突现排名,2号聚类中的Blair S. N.(1989)是排名第一,突现率为23.11;第二名是7号聚类中Ainsworth B. E.(1993),突现率为16.61。第三名是2号聚类中的Powell K. E.(1987),突现率为15.40;第四名是0号聚类中的Helmrich S. P.(1991),突现率为12.19;第五名是2号聚类中的Berlin J. A.(1990)是排名第五的,突现率为12.01;第六名是2号聚类中的Leon A. S.(1987),突现率为11.39;第七名是0号聚类中的Paffenbarger R. S.(1993),突现率为10.70;第八名是0号聚类中的Blair S. N.(1992),突现率为10.33;第九名是4号聚类中的Thune I.(1997),突现率为9.79。第十名是7号聚类中的Jacobs D. R.(1993),突现率为9.61(表6-5)。

表6-5 1991—2000年国际体力活动研究知识结构图谱高突现率文献(前10位)

突现率	作者	文献	聚类号
23.11	Blair S. N. et al.	Physical-fitness and all-cause mortality-a prospective-study of healthy-men and women	2
16.61	Ainsworth B. E. et al.	Compendium of physical activities-classification of energy costs of human physical activities	7
15.40	Powell K. E. et al.	Physical activity and the incidence of coronary heart disease	2
12.19	Helmrich S. P. et al.	Physical activity and reduced occurrence of non-insulin-dependent diabetes mellitus	0
12.01	Berlin J. A. et al.	A meta-analysis of physical activity in the prevention of coronary heart disease	2
11.39	Leon A. S. et al.	Leisure-time physical-activity levels and risk of coronary heart-disease and death-the multiple risk factor intervention trial	2
10.70	Paffenbarger R. S. et al.	The association of changes in physical-activity level and other life-style characteristics with mortality among men	0
10.33	Blair S. N. et al.	How much physical-activity is good for health	0
9.79	Thune I. et al.	Physical activity and the risk of breast cancer	4
9.61	Jacobs D. R. et al.	A simultaneous evaluation of 10 commonly used physical-activity questionnaires	7

根据度中心性排名,4号聚类中的Friedenreich C. M.(1995)是排名第一,度中心性值为44;第二名是4号聚类中的Bernstein L.(1994),度中心性值为42;第三名是4号聚类中的Pukkala E.(1993),度中心性值为42;第四名是4号聚类中的Dosemeci M.(1993),度中心性值为41;第五名是5号聚类中的Lee I. M.(1991),度中心性值为41;第六名是4号聚类中的Giovannucci E.(1995),度中心性值为40;第七名是0号聚类中的King A. C.(1991),度中心性值为39;第八名是4号聚类中的Dorgan J. F.(1994),度中心性值为38;第九名是0号聚类

中的 Pate R. R. (1995),度中心性值为 38;第十名是 4 号聚类中的 Zheng W. (1993),度中心性值为 37(表 6-6)。

表 6-6 1991—2000 年国际体力活动研究知识结构图谱高度中心性文献(前 10 位)

度中心性	作者	文献	聚类号
44	Friedenreich C. M. et al.	Physical-activity and risk of breast-cancer	4
42	Bernstein L. et al.	Physical exercise and reduced risk of breast-cancer in young-women	4
42	Pukkala E. et al.	Life-long physical activity and cancer risk among Finnish female teachers	4
41	Dosemeci M. et al.	Occupational physical-activity, socioeconomic-status, and risks of 15 cancer sites in turkey	4
41	Lee I. M. et al.	Chronic disease in former college-students . 44. physical-activity and risk of developing colorectal-cancer among college alumni	5
40	Giovannucci E. et al.	Physical-activity, obesity, and risk for colon-cancer and adenoma in men	4
39	King A. C. et al.	Group-based vs home-based exercise training in healthy older men and women-a community-based clinical-trial	0
38	Dorgan J. F. et al.	Physical-activity and risk of breast-cancer in the framingham heart-study	4
38	Pate R. R. et al.	Physical-activity and public-health-a recommendation from the centers-for-disease-control-and-prevention and the american-college-of-sports-medicine	0
37	Zheng W. et al.	Occupational physical activity and the incidence of cancer of the breast, corpus uteri, and ovary in Shanghai	4

6.1.3 国际体力活动研究知识结构与理论演进(2001—2010 年)

在 Citespace 控制面板选择时间段为 2001—2010 年,并设置每个时间区隔为 1 年;节点类型选择"文献共被引"(cited reference);阈值项选择"Top $N\%$ per slice",设置阈值为"10%"(即选择每个时间分区中被引频次最高的前 10%条引文)后运行软件进行聚类分析,甄别出有效文献 8526 篇,最终绘制出由 636 个共被引节点和 3178 条共被引连线组成 2001—2010 年国际体力活动研究文献引文共被引网络知识图谱。为了进一步更清楚地了解该阶段国际体力活动研究的知识结构,利用 Citespace 的自动聚类功能,共形成了 9 个聚类,更加生动形象地展现了该阶段体力活动研究的主要领域(图 6-6、图 6-7)。

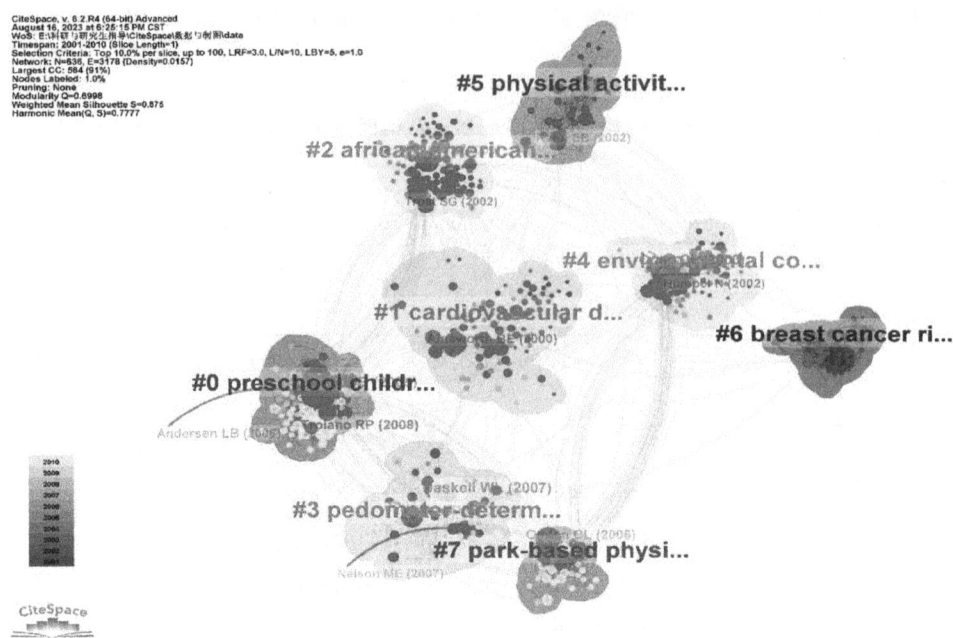

图 6-6　2001—2010 年国际体力活动研究文献共被引聚类图谱（聚类视图）

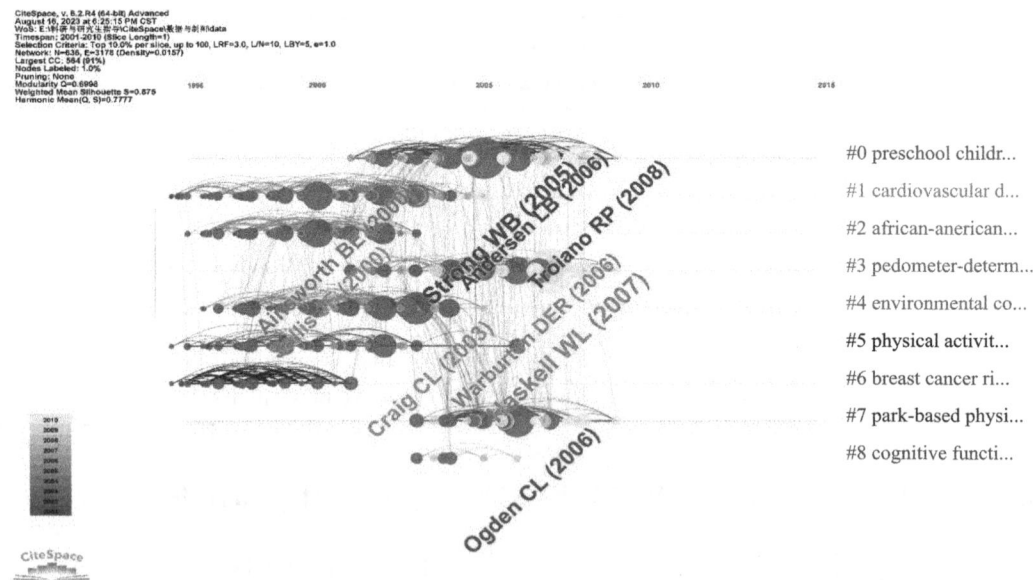

图 6-7　2001—2010 年国际体力活动研究文献共被引聚类图谱（时间线视图）

利用软件的自动标注功能，给每个聚类标注了聚类标注词。图谱的 silhouette 值为 0.943 1，接近 1，说明本次聚类是合适的。根据聚类的标注词的内容、词的权重，共被引网络中节点文献信息以及聚类叠加的直观状况，将原来自动标识的 9 个聚类凝聚为 9 个研究主题，各聚类的文献数量如表 6-7 所示。我们也可以用时间线视图更清楚地观察各聚类的基本情况（图 6-7）。

表 6-7　2001—2010 年国际体力活动研究知识结构图谱中各聚类信息一览表

聚类号	文献数量	S 值	LSI 标签	LLR 标签	MI 标签	聚类文献平均年份
0	113	0.791	physical activity	preschool children	rehabilitative function	2005
1	97	0.847	physical activity	cardiovascular disease	rehabilitative function	2000
2	89	0.925	physical activity	african-american girl	rehabilitative function	1999
3	79	0.816	physical activity	pedometer-determined physical activity	rehabilitative function	2005
4	71	0.906	physical activity	environmental correlate	rehabilitative function	2000
5	48	0.934	physical activity	physical activity intervention	rehabilitative function	1999
6	46	0.995	physical activity	breast cancer risk	physical activity	1998
7	34	0.901	physical activity	park-based physical activity	rehabilitative function	2006
8	7	0.998	physical activity	cognitive function	physical activity	2004

注：图谱中实际聚类为 9 个，但 8 号聚类文献量较少，分析中予以省略。

下面结合图 6-6 图谱中各聚类中度中心性值较高的文献来分析国际体力活动研究的知识结构与演进动力。

0 号聚类是关于"学前儿童与体力活动相关性研究"的主题，共有 113 篇文献，度中心性大于 20 的文献共 14 篇。其中度中心性前 3 位的文献分别为：Strong W. B. 等所著 *Evidence based physical activity for school-age youth*（谷歌学术被引用次数 6138），学龄青年应每天参加 60 分钟或更长时间的中等至剧烈体育活动，这些活动适合发育、令人愉快，并涉及各种活动；Riddoch C. J. 等所著 *Objective measurement of levels and patterns of physical activity*（谷歌学术被引用次数 759），根据目前推荐的健康水平，绝大多数儿童活动不足；Freedson P. 等所著 *Calibration of accelerometer output for children*（谷歌学术被引用次数 1400），综述使用直接测量的能量消耗作为标准来校准这些设备的回归建模方法的研究，介绍了来自几项研究的能量消耗或计数范围的点估计值，对应于不同的活动强度。

1 号聚类是关于"心血管疾病与体力活动相关性研究"的主题，共有 97 篇文献，度中心性大于或等于 10 的文献共 27 篇。其中度中心性前 3 位的文献分别为：Manson J. A. E. 等所著 *Walking compared with vigorous exercise for the prevention of cardiovascular events in women*（谷歌学术被引用次数 1914），步行和剧烈运动都与绝经后妇女心血管事件发生率的显著降低有关，无论种族或民族、年龄和体重指数如何，久坐预示心血管风险增加；Saris W. H. 等所著 *How much physical activity is enough to prevent unhealthy weight gain? Outcome of the IASO 1st Stock Conference and consensus statement*（谷歌学术被引用次数 1408），对于许多人来说，获得推荐的身体活动水平的一个好方法是通过将更多的偶然和休闲活动纳入日常生活来减少久坐行为，政治行动对于实现物质和社会环境变化以实现和鼓励身体活动至关重要，可以实施这些环境变化的环境包括城市和交通基础设施、学校和工作场所；Diabetes prevention program research group 所著 *Reduction in the incidence of type 2 diabetes with*

lifestyle intervention or metformin(谷歌学术被引用次数 23 987),生活方式的改变和二甲双胍治疗都降低了高危人群的糖尿病发病率,而且生活方式干预比二甲双胍更有效。

2 号聚类是关于"非洲裔美国女孩与体力活动相关性研究"的主题,共有 89 篇文献,度中心性大于 15 的文献共 20 篇。其中度中心性前 3 位的文献分别为:Trost S. G. 等所著 *Age and gender differences in objectively measured physical activity in youth*(谷歌学术被引用次数 2099),体力活动在儿童和青少年时期迅速下降,并且在中等规模的人群水平监测研究中,加速度计是自我报告方法的可行替代方案;Kimm S. Y. S. 等所著 *Decline in physical activity in black girls and white girls during adolescence*(谷歌学术被引用次数 1435),女孩在青春期的体力活动量会大幅下降,而且黑人女孩的下降幅度大于白人女孩,造成这种现象的一些因素(如较高的体重指数、怀孕和吸烟)可能是可以改变的;Sallis J. F. 所著 *Age-related decline in physical activity: a synthesis of human and animal studies*(谷歌学术被引用次数 1250),身体活动随着年龄的增长而减少与公共卫生目标背道而驰,因此需要在对这一现象及其原因的更好理解的基础上制定应对这种下降的方法。

3 号聚类是关于"计步器确定的体力活动相关性研究"的主题,共有 79 篇文献,度中心性大于或等于 10 的文献共 8 篇。其中度中心性前 3 位的文献分别为:Warburton D. E. R. 等所著 *Evidence-informed physical activity guidelines for Canadian adults*(谷歌学术被引用次数 524),简要总结了来自世界各地的成年人现有的身体活动指南,与加拿大指南进行了比较,介绍加拿大身体活动和不活动的描述性流行病学,并评估身体活动与特定健康结果之间关系的强度,特别强调最小和最佳身体活动要求;Holmes M. D. 等所著 *Physical activity and survival after breast cancer diagnosis*(谷歌学术被引用次数 2320),身体活动也与降低患乳腺癌的风险有关,乳腺癌诊断后的身体活动可能会降低死于这种疾病的风险,遵循美国体育锻炼建议的乳腺癌女性可能会提高他们的生存率;Chan C. B. 等所著 *Health benefits of a pedometer-based physical activity intervention in sedentary workers*(谷歌学术被引用次数 538),基于计步器的身体活动干预(爱德华王子岛第一步计划,PEI-FSP)增加了久坐人群的身体活动,那些基线时 BMI 较高的人的身体活动增加与 BMI 较低的参与者相对相似。

4 号聚类是关于"环境相关因素体力活动相关性研究"的主题,共有 71 篇文献,度中心性大于等于 20 的文献共 19 篇。其中度中心性前 3 位的文献分别为:Owen N. 等所著 *Understanding environmental influences on walking: review and research agenda*(谷歌学术被引用次数 1735),虽然很少有研究检查特定的环境-行走关系,但早期证据是有希望的,研究议程的关键要素是开发环境属性和行走行为的可靠和有效的测量方法,确定环境行为关系是否是因果关系,并开发解释环境影响及其与其他决定因素相互作用的理论模型;Humpel N. 等所著 *Environmental factors associated with adults participation in physical activity: a review*(谷歌学术被引用次数 2494),物理环境因素与身体活动行为具有一致的相关性,生态和环境模型的进一步发展,以及针对特定行为和特定环境的测量策略,应有助于进一步了解这些关联;Saelens B. E. 等所著 *Environmental correlates of walking and cycling: findings from the transportation, urban design, and planning literatures*(谷歌学术被引用次数 3062),环境变量增加了超出步行/骑自行车运输的社会人口预测因素的方差,概述了交通文献对身体活动和相关研究的影响,未来身体活动研究方向为进一步研究邻里等物理环境因素对身体活动的影响以及社会心理和环境变量的潜在交互效应。

5号聚类是关于"体力活动干预相关性研究"的主题,共有48篇文献,度中心性大于或等于10的文献共13篇。其中度中心性前3位的文献分别为:Kahn E. B.等所著 *The effectiveness of interventions to increase physical activity:a systematic review*(谷歌学术被引用次数3152),社区预防服务指南的系统评价方法用于评估增加身体活动的各种方法的有效性:信息、行为和社会以及环境和政策方法,应满足研究人员、规划者和其他公共卫生决策者的需求;Lewis B. A.等所著 *Psychosocial mediators of physical activity behavior among adults and children*(谷歌学术被引用次数538),研究人员检查基于理论的身体活动(PA)干预,假设通过改变假设的理论结构来调解干预与PA行为之间的关系,干预措施是有效的,PA干预可有效增加PA行为,然而有效的干预措施是否是由于理论结构的预测变化仍然知之甚少;King A. C.等所著 *Physical activity interventions targeting older adults:A critical review and recommendations*(谷歌学术被引用次数829),本文的目的是对科学文献进行批判性的精选综述,重点是促进老年人身体活动的干预措施,讨论了未来针对老年人的科学努力的建议。

6号聚类是关于"乳腺癌风险与体力活动相关性研究"的主题,共有46篇文献,度中心性大于或等于20的文献共24篇。其中度中心性前3位的文献分别为:Verloop J.等所著 *Physical activity and breast cancer risk in women aged 20~54 years*(谷歌学术被引用次数293),研究表明体力活动与乳腺癌风险降低有关,女性20岁以后的娱乐活动以及较早开始并继续其整个成年生活中的活动经历了类似的风险降低;Levi F.等所著 *Occupational and leisure time physical activity and the risk of breast cancer*(谷歌学术被引用次数91),使用1993—1998年在瑞士沃州进行的一项病例对照研究的数据,分析了职业和休闲活动与乳腺癌风险之间的关系,进一步表明身体活动是乳腺癌风险的有利指标;Sesso H. D.等所著 *Physical activity and breast cancer risk in the College Alumni Health Study(United States)*(谷歌学术被引用次数161),指出目前尚不清楚身体活动是否与乳腺癌风险降低有关,同时妇女是否绝经和体重也对乳腺癌风险有一定影响。

7号聚类是关于"公园体力活动相关性研究"的主题,共有34篇文献,度中心性大于20的文献共13篇。其中度中心性前3位的文献分别为:Hoehner C. M.等所著 *Perceived and objective environmental measures and physical activity among urban adults*(谷歌学术被引用次数1175),用于运输或娱乐的体育活动与不同的感知和客观环境特征有关,修改这些要素可能会改变接触这些要素的居民的身体活动行为;Frank L. D.等所著 *Linking objectively measured physical activity with objectively measured urban form:findings from SMARTRAQ*(谷歌学术被引用次数1920),这项研究支持了社区设计与中等水平的身体活动显著相关的假设,旨在促进提高土地利用组合,街道连通性和住宅密度的水平,作为可以产生持久公共卫生效益的干预措施;Davison K. K.和Lawson C. T.所著 *Do attributes in the physical environment influence children's physical activity? A review of the literature*(谷歌学术被引用次数1470),将成人的身体或建筑环境与身体活动联系起来的注意力表明,对儿童建筑环境与身体活动之间关系的调查可以指导适当的干预策略,儿童参与体育活动与公共提供的娱乐基础设施(进入娱乐设施和学校)和交通基础设施(人行道和受控十字路口的存在、前往目的地和公共交通)呈正相关。

根据突现率排名,1号聚类中的 Ainsworth B. E. (2000)排名第一,突现率为 59.60;第二名是 2 号聚类中的 Sallis J. F. (2000),突现率为 56.61;第三名是 4 号聚类中的 Craig C. L. (2003),突现率为 54.97;第四名是 5 号聚类中的 Kahn E. B. (2002),突现率为 37.68;第五名是 0 号聚类中的 Strong W. B. (2005),突现率为 35.29;第六名是 4 号聚类中的 Trost S. G. (2002),突现率为 30.49;第七名是 2 号聚类中的 Ogden C. L. (2002),突现率为 30.15;第八名是 2 号聚类中的 Trost S. G. (2002),突现率为 30.05;第九名是 4 号聚类中的 Humpel N. (2002),突现率为 30.00;第十名是 7 号聚类中的 Ogden C. L. (2006),突现率为 29.94(表 6-8)。

表 6-8 2001—2010 年国际体力活动研究知识结构图谱高突现率文献(前 10 位)

突现率	作者	文献	聚类号
59.60	Ainsworth B. E. et al.	Compendium of physical activities: an update of activity codes and MET intensities	1
56.61	Sallis J. F. et al.	Compendium of physical activities: an update of activity codes and MET intensities	2
54.97	Craig C. L. et al.	International physical activity questionnaire: 12-country reliability and validity	4
37.68	Kahn E. B. et al.	The effectiveness of interventions to increase physical activity-A systematic review	5
35.29	Strong W. B. et al.	Evidence based physical activity for school-age youth	0
30.49	Trost S. G. et al.	Correlates of adults' participation in physical activity: review and update	4
30.15	Ogden C. L. et al.	Prevalence and trends in overweight among US children and adolescents, 1999—2000	2
30.05	Trost S. G. et al.	Age and gender differences in objectively measured physical activity in youth	2
30.00	Humpel N. et al.	Environmental factors associated with adults' participation in physical activity-A review	4
29.94	Ogden C. L. et al.	Prevalence of overweight and obesity in the United States, 1999—2004	7

按照度中心性排名,4号聚类中的 Owen N. (2004)排名第一,度中心性值为 42;第二名是 4 号聚类中的 Humpel N. (2002),度中心性值为 40;第三名是 4 号聚类中的 Saelens B. E. (2003),度中心性值为 37;第四名是 4 号聚类中的 Wilcox S. (2000),度中心性值为 37;第五名是 0 号聚类中的 Strong W. B. (2005),度中心性值为 36;第六名是 6 号聚类中的 Verloop

J. (2000),度中心性值为 36;第七名是 2 号聚类中的 Trost S. G. (2002),度中心性值为 35;第八名是 4 号聚类中的 King A. C. (2000),度中心性值为 35;第九名是 7 号聚类中的 Hoehner C. M. (2005),度中心性值为 35;第十名是 2 号聚类中的中 Sallis J. F. (2000),度中心性值为 33(表 6-9)。

表 6-9　2001—2010 年国际体力活动研究知识结构图谱高度中心性文献(前 10 位)

度中心性	作者	文献	聚类号
42	Owen N. et al.	Understanding environmental influences on walking-Review and research agenda	4
40	Humpel N. et al.	Environmental factors associated with adults' participation in physical activity: a review	4
37	Saelens B. E. et al.	Environmental correlates of walking and cycling: Findings from the transportation, urban design, and planning literatures	4
37	Wilcox S. et al.	Determinants of leisure time physical activity in rural compared with urban older and ethnically diverse women in the United States	4
36	Strong W. B. et al.	Evidence based physical activity for school-age youth	0
36	Verloop J. et al.	Physical activity and breast cancer risk in women aged 20~54 years	6
35	Trost S. G. et al.	Age and gender differences in objectively measured physical activity in youth	2
35	King A. C. et al.	Personal and environmental factors associated with physical inactivity among different racial-ethnic groups of US middle-aged and older-aged women	4
35	Hoehner C. M. et al.	Perceived and objective environmental measures and physical activity among urban adults	7
33	Sallis J. F. et al.	A review of correlates of physical activity of children and adolescents	2

6.1.4　国际体力活动研究知识结构与理论演进(2011—2020 年)

在 Citespace 控制面板选择时间段为 2011—2020 年,并设置每个时间区隔为 1 年;节点类型选择"文献共被引"(cited reference);阈值项选择"Top $N\%$ per slice",设置阈值为"10%"(即选择每个时间分区中被引频次最高的前 10%条引文)后运行软件进行聚类分析,甄别出有效文献 14 948 篇,最终绘制出由 622 个共被引节点和 3186 条共被引连线组成 2011—2020 年国际体力活动研究文献引文共被引网络知识图谱。为了进一步更清楚地了解该阶段国际体力活动研究的知识结构,利用 Citespace 的自动聚类功能,共形成了 9 个聚类,更加生动形象地展现了该阶段体力活动研究的主要领域(图 6-8、图 6-9)。

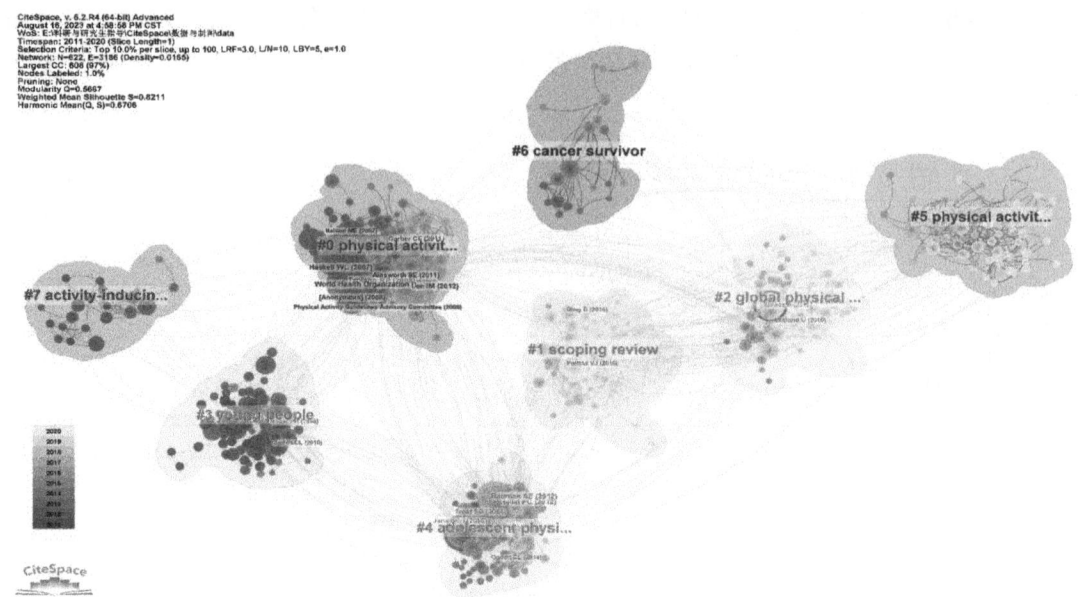

图 6-8　2011—2020 年国际体力活动研究文献共被引聚类图谱(聚类视图)

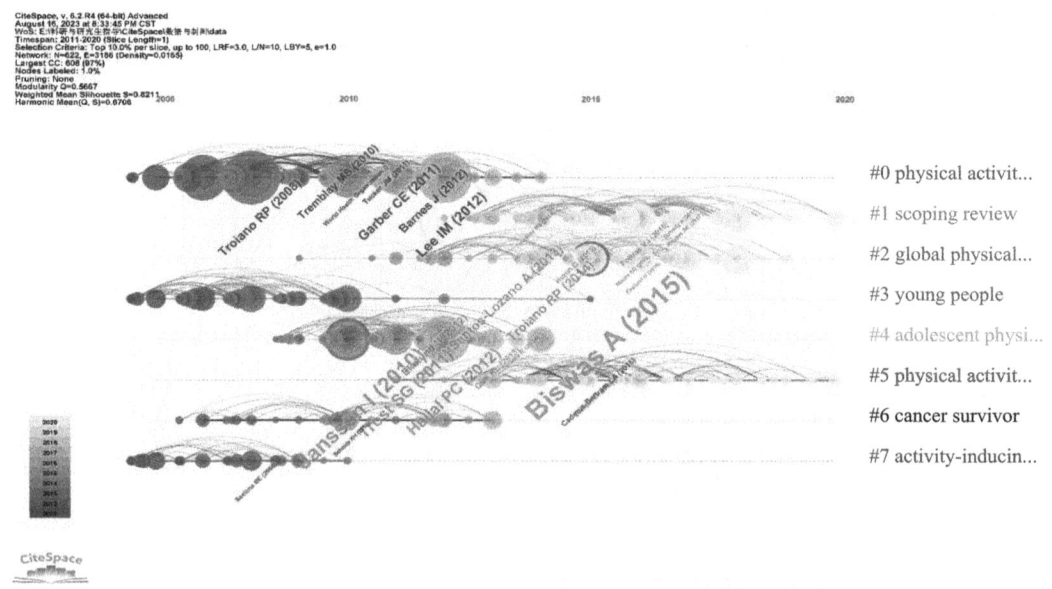

图 6-9　2011—2020 年国际体力活动研究文献共被引聚类图谱(时间线视图)

利用软件的自动标注功能,给每个聚类标注了聚类标注词。图谱的 silhouette 值为 0.894 3,接近 1,说明本次聚类是合适的。根据聚类的标注词的内容、词的权重,共被引网络中节点文献信息以及聚类叠加的直观状况,将原来自动标识的 9 个聚类凝聚为 9 个研究主题,各聚类的文献数量如表 6-10 所示。我们也可以用时间线视图更清楚地观察各聚类的基本情况(图 6-9)。

表 6-10 2011—2020 年国际体力活动研究知识结构图谱中各聚类信息一览表

聚类号	文献数量	S值	LSI 标签	LLR 标签	MI 标签	聚类文献平均年份
0	131	0.826	physical activity	physical activity	pooling project	2009
1	105	0.807	physical activity	scoping review	pooling project	2015
2	87	0.736	physical activity	global physical activity questionnaire	pooling project	2014
3	84	0.822	physical activity	young people	pooling project	2007
4	77	0.818	physical activity	adolescent physical activity	pooling project	2011
5	74	0.847	physical activity	physical activity	pooling project	2015
6	23	0.946	physical activity	cancer survivor	physical activity	2010
7	21	0.942	physical activity	activity-inducing facilities	physical activity	2007
8	6	0.997	physical activity	cognitive vitality	physical activity	2010

注：图谱中实际聚类为 9 个，但 8 号聚类文献量较少，分析中予以省略。

下面结合图 6-8 图谱中各聚类中度中心性值较高的文献来分析国际体力活动研究的知识结构与演进动力。

0 号聚类是关于"体力活动相关性研究"的主题，共有 131 篇文献，度中心性大于或等于 20 的文献共 20 篇。其中度中心性前 3 位的文献分别为：Troiano R. P. 等所著 *Physical activity in the United States measured by accelerometer*（谷歌学术被引用次数 8736），利用从美国人口代表性样本中获得的加速度计客观数据，客观和主观的体力活动测量结果在活动的性别和年龄模式方面具有相似性，在临床实践、公共卫生项目设计和评估以及流行病学研究中，解释自我报告的体力活动量时必须非常谨慎；Lee I. M. 等所著 *Effect of physical inactivity on major non-communicable diseases worldwide: an analysis of burden of disease and life expectancy*（谷歌学术被引用次数 10 078），指出缺乏身体活动会增加许多不良风险健康状况，旨在量化缺乏身体活动对这些专业的影响，通过估计如果不活动可以避免多少疾病来预防非传染性疾病人们将变得活跃起来，并估计人口的预期寿命增加水平；Wilmot E. G. 等所著 *Sedentary time in adults and the association with diabetes, cardiovascular disease and death: systematic review and meta-analysis*（谷歌学术被引用次数 2122），检索了 Medline、Embase 和 Cochrane 图书馆数据库，以查找久坐时间与健康状况的相关术语，与最低久坐时间相比，久坐时间越长，疾病风险越高，如糖尿病患病风险增加 12%，心血管疾病风险增加 47%。心血管死亡风险增加 90%，死亡风险增加 49%。

1 号聚类是关于"范围界定审查与体力活动相关性研究"的主题，共有 105 篇文献，度中心性大于或等于 20 的文献共 10 篇。其中度中心性前 3 位的文献分别为：Poitras V. J. 等所著 *Systematic review of the relationships between objectively measured physical activity and health indicators in school-aged children and youth*（谷歌学术被引用次数 1862），认为中度至剧烈的身体活动（MVPA）对于预防疾病和促进健康至关重要，继续支持每天至少 60 分钟 MVPA 对儿童和青少年疾病预防和健康促进的重要性，强调了 LPA 和总 PA 的潜在益处；Carson V. 等所著 *Systematic review of sedentary behaviour and health indicators in school-aged children and youth：an update*（谷歌学术被引用次数 1293），本系统综述是对 5～17 岁儿童和青少年客观和主观测量的久坐行为与健康指标之间关系的更新，使用可靠和有效的久坐行为测量的更高质量的研究应该证实这一主要是观察性证据；Tremblay M. S. 等所著 *Canadian 24-hour movement guidelines for children and youth：an integration of physical activity，sedentary behaviour，and sleep*（谷歌学术被引用次数 1727），运动生理学会创建了加拿大儿童和青少年 24 小时运动指南：身体活动、久坐行为和睡眠的整合，研究评价指南以评估（AGREE）Ⅱ工具为指导，并使用建议分级评估，制订和评价（GRADE）方法评估为指南提供证据的系统审查，制订积极主动的传播、宣传、实施和评估计划，以优化新准则的采用和激活。

2 号聚类是关于"调查问卷与体力活动相关性研究"的主题，共有 87 篇文献，度中心性大于或等于 20 的文献共 14 篇。其中度中心性前 3 位的文献分别为：Biswas A. 等所著 *Sedentary time and its association with risk for disease incidence，mortality，and hospitalization in adults：a systematic review and meta-analysis*（谷歌学术被引用次数 2989），研究了久坐时间与成人住院、全因死亡率、心血管疾病、糖尿病和癌症之间的关联，无论身体活动如何，久坐不动的时间都与有害的健康结果独立相关；Hupin D. 等所著 *Even a low-dose of moderate-to-vigorous physical activity reduces mortality by 22% in adults aged ≥60 years：a systematic review and meta-analysis*（谷歌学术被引用次数 611），每周 150 分钟对老年人进行中等至高强度体育活动（MVPA）的健康益处已经得到充分证实，低于当前建议剂量的 MVPA 可使老年人的死亡率降低 22%，应鼓励老年人在日常生活中加入低剂量的 MVPA；Ekelund U. 等所著 *Does physical activity attenuate，or even eliminate，the detrimental association of sitting time with mortality？A harmonised meta-analysis of data from more than 1 million men and women*（谷歌学术被引用次数 2525），高水平的中等强度体力活动（即每天 60～75 分钟）与高坐时间相关的死亡风险增加，然而这种高活动水平会减弱，但不能消除相关风险的增加具有较长的电视观看时间，提供了进一步的证据身体活动，特别是在人口越来越多的社会中必须长时间坐着工作，也可能为未来的公共卫生建议提供信息。

3 号聚类是关于"青少年体力活动相关性研究"的主题，共有 84 篇文献，度中心性大于或等于 15 的文献共 18 篇。其中度中心性前 3 位的文献分别为：Reilly J. J. 等所著 *Objective measurement of physical activity and sedentary behaviour：review with new data*（谷歌学术被引用次数 718），客观方法越来越多地用于量化儿童的身体活动量、身体活动强度和久坐行为量，讨论客观测量与更传统的主观方法相比的优势，提高将身体活动和久坐行为的变化与健康的变化联系起来的能力;Evenson K. R. 等所著 *Calibration of two objective measures of physical activity for children*(谷歌学术被引用次数 2740),使用间接量热法的校准研究表明,两种常用加速度计 ActiGraph 和 Actical 可用于区分 5~8 岁儿童的不同水平的身体活动强度以及不活动;Nader P. R. 等所著 *Moderate-to-vigorous physical activity from ages 9 to 15 years*(谷歌学术被引用次数 1658),体力活动的减少在儿童肥胖症的增加中起着关键作用,虽然建议每天至少进行 60 分钟的中度至剧烈体育活动(MVPA),但很少有纵向研究确定年轻人的体力活动模式,缺乏身体活动与肥胖症的增加以及青年人的相关发病率和慢性病有关。

4 号聚类是关于"成年体力活动相关性研究"的主题,共有 77 篇文献,度中心性大于或等于 20 的文献共 17 篇。其中度中心性前 3 位的文献分别为:Janssen I. 和 Leblance A. G. 所著 *Systematic review of the health benefits of physical activity and fitness in school-aged children and youth*(谷歌学术被引用次数 6113),对学龄儿童和青少年身体活动,健身和健康之间关系的研究进行系统综述,考虑体力活动的数量、强度和类型,在观察性研究中观察到的剂量反应关系表明,体力活动越多,健康益处越大,结果表明即使是适度的身体活动也可以对高危青少年(例如肥胖)产生健康益处;Trost S. G. 等所著 *Comparison of accelerometer cut points for predicting activity intensity in youth*(谷歌学术被引用次数 1602),本研究旨在以间接量热法测量的能量消耗为标准,评估 5 组自主研发的 ActiGraph 切割点的分类精度;Hallal P. C. 等所著 *Global physical activity levels: surveillance progress, pitfalls, and prospects*(谷歌学术被引用次数 6932),继续改进对身体活动的监测将有助于指导政策和方案的制定,以提高活动水平和减轻非传染性疾病的负担。

5 号聚类是关于"体力活动相关性研究"的主题,共有 74 篇文献,度中心性大于或等于 15 的文献共 10 篇。其中度中心性前 3 位的文献分别为:Cadmus-Bertram L. A. 等所著 *Randomized trial of a Fitbit-based physical activity intervention for women*(谷歌学术被引用次数 506),介绍在 RCT 中评估将 Fitbit 智能设备和网站整合到绝经后妇女的身体活动干预中的可行性和初步效果,利用与行为改变理论相一致的直接面向消费者的移动健康技术可以加强身体活动干预;Evenson K. R. 等所著 *Physical activity and sedentary behavior patterns using accelerometry from a national sample of United States adults*(谷歌学术被引用次数 132),这项研究使用来自美国的全国代表性样本,描述了加速度计确定的成年人身体活动和久坐行为的模式,探索体力活动和久坐行为模式可以用作干预目标,并作为未来相关性、决定因素或结果研究中的自变量或因变量;Schuch F. B. 等所著 *Exercise as a treatment for depression: a meta-analysis adjusting for publication bias*(谷歌学术被引用次数 1432),纳入了对抑郁症患者[包括那些被诊断为重度抑郁症(MDD)或抑郁症状评级的人]进行运动干预的随机对照试验,比较了运动与对照组认为运动对抑郁症(包括 MDD)患者具有巨大而显著的抗抑郁作用。

6 号聚类是关于"癌症幸存者与体力活动相关性研究"的主题,共有 23 篇文献,度中心性大于或等于 10 的文献共 5 篇。其中度中心性前 3 位的文献分别为:Schmitz K H 等所著 *American college of sports medicine roundtable on exercise guidelines for cancer survivors*(谷歌学术被引用次数 3156),指出运动在预防和控制癌症方面起着至关重要的作用,提出了一个身体活动和癌症控制框架,该框架突出了癌症连续体中运动具有逻辑作用的特定阶段,并确定了诊断前的两个不同时期和诊断后的 4 个时期;Ballard-Barbash R. 等所著 *Physical activity,biomarkers,and disease outcomes in cancer survivors:a systematic review*(谷歌学术被引用次数 973),确定的未来研究方向包括需要对具有更大样本量的其他类型的癌症进行更多的观察性研究,需要检查体力活动与死亡率之间的关联是否因肿瘤、临床或危险因素特征而异,以及研究癌症诊断后身体活动与生存之间关联的生物学机制的必要性;Kushi L. H. 等所著 *American Cancer Society Guidelines on nutrition and physical activity for cancer prevention:reducing the risk of cancer with healthy food choices and physical activity*(谷歌学术被引用次数 1731),美国癌症协会(ACS)发布了营养和身体活动指南,作为其沟通、决策和制定社区战略的基础,并最终影响美国人的饮食和身体活动模式。

7 号聚类是关于"设备与体力活动相关性研究"的主题,共有 21 篇文献,度中心性大于或等于 7 的文献共 5 篇。其中度中心性前 3 位的文献分别为:Saelens B. E. 和 Handy S. L. 所著 *Built environment correlates of walking:a review*(谷歌学术被引用次数 2329),步行是最常见对健康有益的身体活动形式之一,干预研究通常通过激励措施、针对个人的行为改变计划、工作场所计划、步行俱乐部和其他旨在增加步行社会支持的活动来解决个人或社会环境;Wendel-Vos W. 等所著 *Potential environmental determinants of physical activity in adults:a systematic review*(谷歌学术被引用次数 825),深入了解成年男性和女性各种类型和强度的身体活动的潜在决定因素,社会支持和有身体活动伴侣与不同类型的身体活动令人信服地相关(散步、骑自行车、剧烈的体育活动/运动、积极的通勤、一般的休闲时间身体活动、久坐的生活方式、中等强度的身体活动以及中等强度和剧烈活动的组合);Brownson R. C. 等所著 *Measuring the built environment for physical activity:state of the science*(谷歌学术被引用次数 1635),指出缺乏身体活动是美国和国际上最重要的公共卫生问题之一,要了解建筑环境对身体活动的影响,制定高质量的措施至关重要。

根据突现排名,0 号聚类中的 Troiano R. P. (2008)排名第一,突现率为 149.89;第二名是 0 号聚类中的 Haskell W. L. (2007),突现率为 133.31;第三名是 0 号聚类中的 Lee I. M. (2012),突现率为 107.89;第四名是 4 号聚类中的 Hallal P. C. (2012),突现率为 90.99;第五名是 4 号聚类中的 Bauman A. E. (2012),突现率为 73.73;第六名是 0 号聚类中的 World H. O. (2010),突现率为 66.21;第七名是 0 号聚类中的 Ainsworth B. E. (2011),突现率为 56.39;第八名是 0 号聚类中的 Anonymous(2008),突现率为 53.55;第九名是 0 号聚类中的 Nelson M. E. (2007),突现率为 52.58;第十名是 1 号聚类中的 Poitras V. J. (2016),突现率为 49.16(表 6-11)。

表 6-11　2011—2020 年国际体力活动研究知识结构图谱高突现率文献(前 10 位)

突现率	作者	文献	聚类号
149.89	Troiano R. P. et al.	Physical activity in the United States measured by accelerometer	0
133.31	Haskell W. L. et al.	Physical activity and public health-Updated recommendation for adults from the American college of sports medicine and the American heart association	0
107.89	Lee I. M. et al.	Effect of physical inactivity on major non-communicable diseases worldwide: an analysis of burden of disease and life expectancy	0
90.99	Hallal P. C. et al.	Global physical activity levels: surveillance progress, pitfalls, and prospects	4
73.73	Bauman A. E. et al.	Correlates of physical activity: why are some people physically active and others not?	4
66.21	Morris J. N. et al.	Development of the interRAI home care frailty scale	0
56.39	Ainsworth B. E. et al.	2011 Compendium of Physical Activities: A Second Update of Codes and MET Values	0
53.55	Anonymous et al.		0
52.58	Nelson M. E. et al.	Physical activity and public health in older adults-Recommendation from the American college of sports medicine and the American heart association	0
49.16	Poitras V. J. et al.	Systematic review of the relationships between objectively measured physical activity and health indicators in school-aged children and youth	1

根据度中心性排名,4 号聚类中度的 Janssen I. (2010)排名第一,度中心性值为 54;第二名是 2 号聚类中的 Biswas A. (2015),度中心性值为 54;第三名是 4 号聚类中的 Trost S. G. (2011),度中心性值为 43;第四名是 4 号聚类中的 Hallal P. C. (2012),度中心性值为 40;第五名是 0 号聚类中的 Troiano R. P. (2008),度中心性值为 39;第六名是 0 号聚类中的 Barnes J. (2012),度中心性值为 39;第七名是 0 号聚类中的 Lee I. M. (2012),度中心性值为 35;第八名是 1 号聚类中的 Poitras V. J. (2016),度中心性值为 35;第九名是 0 号聚类中的 Wilmot E. G. (2012),度中心性值为 35;第十名是 1 号聚类中的 Carson V. (2016),度中心性值为 34 (表 6-12)。

表 6-12 2011—2020 年国际体力活动研究知识结构图谱高度中心性文献(前 10 位)

度中心性	作者	文献	聚类号
54	Janssen I. et al.	Systematic review of the health benefits of physical activity and fitness in school-aged children and youth	4
54	Biswas A. et al.	Sedentary time and its association with risk for disease incidence, mortality, and hospitalization in adults a systematic review and meta-analysis	2
43	Trost S. G. et al.	Comparison of accelerometer cut points for predicting activity intensity in youth	4
40	Hallal P. C. et al.	Global physical activity levels: surveillance progress, pitfalls, and prospects	4
39	Troiano R. P. et al.	Physical activity in the united states measured by accelerometer	0
39	Barnes J. et al.	Letter to the editor: standardized use of the terms "sedentary" and "sedentary behaviours"	0
35	Lee I. M. et al.	Effect of physical inactivity on major non-communicable diseases worldwide: an analysis of burden of disease and life expectancy	0
35	Poitras V. J. et al.	Systematic review of the relationships between objectively measured physical activity and health indicators in school-aged children and youth	1
35	Wilmot E. G. et al.	Sedentary time in adults and the association with diabetes, cardiovascular disease and death: systematic review and meta-analysis	0
34	Carson V. et al.	Systematic review of sedentary behaviour and health indicators in school-aged children and youth: an update	1

6.2 国际体力活动研究的知识结构与演进的特征

从 1981 年到 2020 年,国际体力活动研究的知识结构与演化经历了许多变化。

1. 跨学科性的增强

在这段时间里,体力活动研究逐渐从单一学科领域扩展到了跨学科领域。研究不再局限于体育学,涵盖了健康科学、流行病学、心理学、社会学等多个学科。这种跨学科性的增强使得研究更加综合和全面,有助于更好地理解体力活动对个体和社会的影响。①健康科学的融合:在这段时期内,体力活动研究逐渐与健康科学领域紧密联系起来。研究人员开始探究体力活动对健康的影响,涉及心血管健康、代谢健康、精神健康等方面。这种融合促使体力活动研究不仅关注运动的生物学效应,还考虑到了运动与整体健康状况之间的关联。②流行病学的应用:流行病学方法在体力活动研究中得到了广泛应用。研究人员利用流行病学的调查和统计方法,分析大规模人群中体力活动的模式与健康状况之间的关系。这种方法有助于识别与体力活动水平相关的健康风险,并为预防和干预提供依据。③心理学和行为学的参与:体力活动研究不再仅仅关注生理效应,还开始关注心理和行为方面的影响。心理学家和行为学家参与研究,探讨个体对体力活动的态度、动机、行为变化等。这种心理和行为层面的研究丰富了我们对于体力活动参与背后机制的理解。④社会学视角的引入:社会学逐渐渗透到体力活动研究中,研究人员开始探究社会因素对体力活动的影响,包括社会经济地位、性别、年龄、文化等因素如何影响个体的运动习惯。研究人员关注体力活动在社会中的分布不均以及如何通过社会干预来促进公平的运动机会。⑤教育学、公共卫生学的贡献:教育学家和公共卫生学家的介入,使得体力活动研究更加关注教育环境和社会环境中的影响因素。学校和社区的政策、环境如何影响体育锻炼的参与,以及如何制订相应的干预措施成为研究的重要议题。

2. 关注健康与疾病的关系

随着健康意识的提高,研究开始更加关注体力活动与健康、疾病之间的关系。从最初关注运动对心肺功能的影响,发展到研究运动与肥胖、糖尿病、心血管疾病等健康问题的关联。这些研究为制定公共卫生政策和健康推广提供了重要依据。①心血管健康:该阶段研究开始关注体力活动与心血管健康之间的关系。大量的研究表明,适度的体力活动可以降低心血管疾病的风险,包括高血压、心脏病和中风。这使得体力活动成为预防心血管疾病的重要手段之一。②肥胖与代谢健康:随着肥胖问题的不断加剧,研究开始关注体力活动与肥胖、代谢健康之间的联系。研究发现,体力活动有助于控制体重、维持新陈代谢水平,减少肥胖和代谢相关疾病的风险,如2型糖尿病。③精神健康:近年人们对精神健康的重视呈逐年上升态势,体力活动研究也开始关注运动与精神健康的关系。越来越多的研究发现,体力活动可以减轻焦虑、抑郁等心理健康问题,促进积极情绪的产生。④癌症风险降低:研究开始关注体力活动与癌症风险的关系。有证据显示,适度的体力活动可以降低某些癌症(如结肠癌、乳腺癌)的发病风险。这种关联使得体力活动不仅被认为是心血管疾病的预防手段,还与癌症风险降低相关。⑤老龄化与骨骼健康:随着人口老龄化问题的出现,关注老年人健康问题的研究也逐渐增多。体力活动被认为可以维护骨骼健康,减少骨折的风险,特别是在老年人群中具有重要作用。

3. 技术与数据的革新

随着科技的发展,研究方法也得到了革新。从简单的问卷调查和实验设计,逐渐引入了运动监测器、智能手机应用、大数据分析等技术手段。这些技术的应用使得研究数据更加精确和丰富,同时也促进了数据驱动研究方法的兴起。①运动监测器的应用:随着技术的进步,诸如智能手环、智能手表、运动追踪器等的运动监测器开始广泛应用于研究中。这些设备可以实时监测个体的运动量、步数、心率、消耗的卡路里等信息。研究人员可以基于这些数据更准确地了解个体的运动习惯,以及运动与健康之间的关系。②移动应用和互联网平台:移动应用和互联网平台的兴起为体力活动数据的收集和分享提供了新的途径。运动跟踪应用和社交媒体平台使得个体可以记录和分享他们的体力活动,同时研究人员也可以通过这些平台收集数据。这种数据来源不仅丰富了研究的数据量,还促进了公众参与科学研究的意识。③大数据分析技术:数据革新带来了大量的体力活动数据,需要适应性更强的分析方法。大数据分析技术允许研究人员从庞大的数据集中挖掘有价值的信息。通过数据挖掘、机器学习等技术,可以识别出运动模式、关联因素以及对健康影响的模式。④生物传感器和生物指标测量:运动研究开始使用生物传感器和生物指标测量,以更准确地评估体力活动的效果。例如,通过血液中的生物标志物来评估运动对健康的影响。这种方法使研究人员能够更深入地了解运动与生理变化之间的关系。⑤虚拟现实和增强现实技术:这些技术可以创造出模拟运动环境,从而帮助研究人员更好地理解个体在不同运动情境下的表现和反应。

4. 文化与社会因素的考量

在体力活动研究中,越来越多的关注被放在了文化、社会背景以及社会不平等因素上。研究开始深入探讨不同文化背景下体力活动的差异、性别、年龄等因素对运动参与的影响,以及如何通过针对性的干预来促进体力活动的普及。①文化对体力活动的影响:不同文化对体力活动的态度、价值观和行为模式产生影响。研究人员开始考虑文化因素如何影响个体的运动习惯,以及不同文化中可能存在的运动偏好和限制。②社会经济地位与运动参与:社会经济地位对个体的运动参与产生重要影响。低收入群体可能面临更多的运动限制,而高收入群体可能更容易接触到体育设施和活动。研究人员开始考虑社会经济地位对运动不平等的影响,以及如何通过干预措施来减少这种不平等。③性别和年龄差异:研究人员开始关注性别和年龄在体力活动参与中的作用。女性和男性在体力活动参与和运动习惯方面可能存在差异,而年龄因素也会影响个体的活动水平。这种性别和年龄差异的考量使得研究人员能够更准确地制定针对性的健康推广策略。④社会支持和环境影响:社会支持和环境因素对体力活动的影响不可忽视。家庭、朋友、社区等社会网络可以促进或阻碍个体的运动参与。此外,城市规划、运动设施分布等环境因素也会影响个体运动的选择。⑤跨国比较和全球差异:跨国比较研究在体力活动领域变得更加普遍。研究人员比较不同国家和地区的体力活动模式、偏好和健康影响,从而有助于揭示全球范围内的共性和差异。

5. 全球化视角的强调

在这段时间里,全球范围内对体力活动的研究逐渐增多。研究人员开始比较不同国家、地区的体力活动模式、习惯以及相关的健康结果。这种全球化的视角有助于了解不同文化背景下的共性和差异,从而为全球健康政策提供更有针对性的建议。①文化差异与运动行为:全球化视角强调了不同文化对体力活动的影响。研究人员开始比较不同国家或地区的体力活动行为和习惯,揭示不同文化对于体育锻炼的态度和偏好。这有助于制定符合特定文化背景的健康推广策略。②全球健康问题的共通性:尽管不同地区存在文化差异,但一些全球性的健康问题(如肥胖、缺乏运动等)在各个国家都存在。通过全球化视角,研究人员可以揭示这些问题的共通性和根本原因,为解决全球健康挑战提供思路。③文化适应的干预策略:全球化视角强调了开发适应不同文化和社会环境的健康干预策略的重要性。研究人员努力设计能够适用于不同国家或地区的健康促进方案,考虑当地文化、习惯和社会背景。④全球合作与知识交流:全球化视角促进了国际间的合作与知识交流。研究人员可以通过比较研究和经验分享,从其他国家的成功案例中汲取灵感,为本国的健康政策和干预措施提供借鉴。⑤全球健康政策的制定:通过全球化视角,研究人员可以为制定全球健康政策提供科学依据。了解不同国家和地区的体力活动模式、成功经验以及挑战,有助于制定更具针对性的政策来改善整体健康状况。

总的来说,1981—2020年间国际体力活动研究的知识结构与演化呈现出跨学科性增强、健康与疾病关系的关注、技术与数据的革新、文化与社会因素的考量以及全球化视角的强调等特征。这些特征共同推动了体力活动研究领域的发展,使其更加多元化、综合化,并对促进健康和社会福祉产生了深远影响。

第 7 章 我国体力活动研究的现状与展望

近几十年来,国内体力活动研究取得了显著的发展,研究组织持续完善,研究队伍不断壮大,研究方法逐步趋向科学化,研究领域持续拓展,为体力活动实践的蓬勃发展提供了坚实的学术保障和智力支持。这一领域已逐渐成为体育科学与其他学科交叉融合中具有广泛影响力的研究领域之一。

本章在对国内体力活动研究文献进行科学计量分析的基础上,采用知识图谱的形式展示了近 40 多年来国内体力活动研究的前沿主题与理论演进,对国内体力活动研究发展脉络进行了初步梳理,旨在为国内体力活动领域的科技从业者提供关于领域发展趋势的参考。

7.1 数据来源与检索方法

本研究所使用的数据来自中国知网(China National Knowledge Infrastructure,CNKI)中国学术期刊(网络版)(Chinese Academic Journal Network Publishing Database,CAJD)。1998 年,世界银行提出了国家知识基础设施(National Knowledge Infrastructure,NKI)的概念。为实现知识的全面生产、传播、扩散和利用,支持全国各行业的知识创新、学习和应用,中国知网于 1999 年 3 月启动了中国知识基础设施工程。

CAJD 是首个以全文数据库形式大规模集成出版学术期刊文献的电子期刊,是目前全球影响力显著且持续动态更新的中文学术期刊全文数据库。CAJD 的内容主要覆盖学术、工程技术、政策指导、高级科普、行业指导以及教育类期刊,领域涵盖自然科学、工程技术、农业、哲学、医学、人文社会科学等多个方面。数据库收录了自 1915 年至今的国内学术期刊超过 8510 种,全文文献总量超过 6130 万篇,部分期刊可追溯至创刊,而且每月都会实时更新。

本研究的检索策略是:在 CAJD 的高级检索界面中,时间范围设定为 1915—2022 年,通过关键词"physical activity"进行检索,检索结果共得到 1423 篇相关文献。检索时间为 2023 年 2 月 8 日。表 7-1 展示了国内体力活动研究文献在不同时间段内的分布情况以及累积数量的变化趋势。

第 7 章 我国体力活动研究的现状与展望

表 7-1 国内体力活动研究文献的年度分布与累积量变化

年份	文献量/篇	累积量/篇	年份	文献量/篇	累积量/篇	年份	文献量/篇	累积量/篇
1958	1	1	1994	6	50	2009	23	255
1979	2	3	1995	13	63	2010	35	290
1980	3	6	1996	5	68	2011	47	337
1981	2	8	1997	3	71	2012	60	397
1982	2	10	1998	10	81	2013	59	456
1984	6	16	1999	3	84	2014	82	538
1985	2	18	2000	5	89	2015	70	608
1986	3	21	2001	9	98	2016	92	700
1987	4	25	2002	21	119	2017	102	802
1988	8	33	2003	17	136	2018	115	917
1989	1	34	2004	13	149	2019	118	1035
1990	2	36	2005	13	162	2020	136	1171
1991	5	41	2006	26	188	2021	113	1284
1992	2	43	2007	21	209	2022	139	1423
1993	1	44	2008	23	232			

从表 7-1 的数据分析可见，国内体力活动领域的研究起步相对较晚。在 1958 年出现的第一篇译作《长期服用人参对人体体力活动及智力活动的影响》之后，直至 1980 年左右，该领域的研究仅有少数成果涌现，发展进程异常缓慢，且呈现间断性。然而，自 2000 年前后，国内体力活动研究开始步入相对较快的发展时期。特别是自 2010 年以后，研究进展明显加速。而在 2022 年，共发表了 139 篇论文，创下历史峰值。

从累积数量的角度来看，2013—2022 年这 10 年间的发文量达到 1026 篇，占总发文量的 72.1%。图 7-1 以 CAJD 所提供的数据为基础，展示了国内体力活动研究文献的年度变化趋势，形象地呈现了这一领域研究的发展历程。

此外，为更加深入地呈现国内体力活动研究的发展情况，本研究将整个研究进程划分为 3 个明确的阶段：1958—2000 年的零散阶段、2001—2010 年的缓慢增长阶段、2011—2022 年的快速增长阶段。对于这 3 个阶段，本研究分别统计了各自的发文量、年均发文量等重要统计指标，具体数据可见表 7-2。

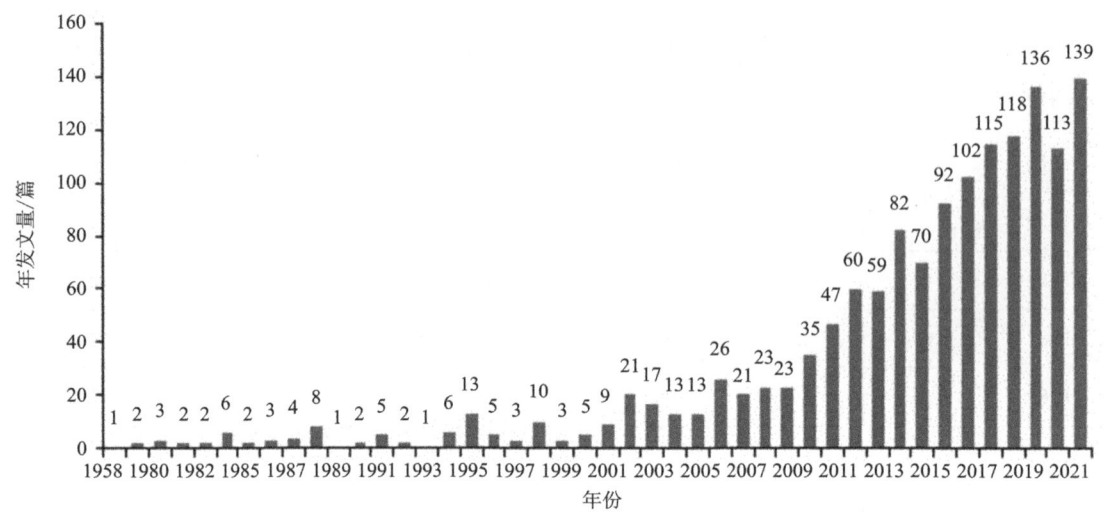

图 7-1 国内体力活动研究年度发文量变化趋势图

表 7-2 不同时段国内体力活动研究文献的分布状况

参数	1958—2000 年	2001—2010 年	2011—2022 年	总计/平均
发文量/篇	89	201	1133	1423
百分比/%	6.25	14.13	79.62	100
年均发文量/篇	4.05	20.10	94.42	32.34

7.2 我国体力活动研究文献的分布

7.2.1 学科分布

我们可以从两个角度对国内体力活动研究的学科分布情况进行分析。第一种角度是基于每篇文献所标注的"中图分类号",第二种角度则是基于CAJD的在线统计分析结果。

目前,我国的主要文献数据库包括《中国科学引文数据库》《中国学术期刊综合评价数据库》以及数字化图书馆、中国期刊网等,这些数据库要求学术论文按照《中国图书馆分类法》来标注中图分类号(Chinese Library Classification,CLC)。每篇文章一般会标注一个分类号,对于涵盖多个主题的文章,可以标注2个或3个分类号。在标注中,主分类号位于第一位,而多个分类号之间用分号进行分隔。通过这样的标注,可以实现从期刊文献中获取学科属性,从而进行主题检索和分类统计。CLC分为五大类,即人文科学(马克思主义、列宁主义、毛泽东思想、邓小平理论)、哲学、社会科学、自然科学和综合性图书,进一步细分为22个基本大类(表7-3),而每个基本大类又包含若干个小类。

第 7 章 我国体力活动研究的现状与展望

表 7-3 中图分类号类别标识一览表

序号	标识	学科基本大类	序号	标识	学科基本大类
1	A	马克思主义、列宁主义、毛泽东思想、邓小平理论	12	N	自然科学总论
2	B	哲学、宗教	13	O	数理科学和化学
3	C	社会科学总论	14	P	天文学、地球科学
4	D	政治、法律	15	Q	生物科学
5	E	军事	16	R	医药、卫生
6	F	经济	17	S	农业科学
7	G	文化、科学、教育、体育	18	T	工业技术
8	H	语言、文字	19	U	交通运输
9	I	文学	20	V	航空、航天
10	J	艺术	21	X	环境科学、安全科学
11	K	历史、地理	22	Z	综合性图书

在 1423 篇样本文献中，自 1994 年开始的 1379 篇论文都标注了"中图分类号"，部分论文标注了 2~3 个分类号（其中有 143 篇论文标注了 2 个分类号，4 篇论文标注了 3 个分类号，因此本研究涉及的"分类号"数据共计 1530 个）。本研究使用这些标识来分析国内体力活动研究文献的学科分布情况。值得特别说明的是，CLC 作为一个庞大的分类系统，一些分类可以细分至第 6 级，例如 G633.96。然而，考虑到样本文献中的分类号数据，本研究将分类号的细分限制在第 4 级，即学科基本大类字母标识后的 3 位数字。

根据统计数据，1379 篇文献中标有"中图分类号"的论文在学科基本大类方面分布如下：B 哲学、宗教有 6 篇；C 社会科学总论有 14 篇；D 政治、法律有 5 篇；F 经济有 4 篇；G 文化、科学、教育、体育有 635 篇；J 艺术和 P 天文学、地球科学各有 1 篇；R 医药、卫生有 782 篇；T 工业技术有 78 篇；U 交通运输有 1 篇；X 环境科学、安全科学有 3 篇。进一步从具体类目的角度来看，这些论文分布在 166 个 4 级学科类目下。

表 7-4 中列出了排序前 34 位文献量的 4 级学科类目，涵盖了 1246 个文献分类号，占总 1530 个文献分类号的 81.44%。

表 7-4 国内体力活动研究文献主要学科分类（文献量排序前 34 位）

序号	学科类目	文献量	序号	学科类目	文献量
1	G804（体育基础科学）	330	6	G807（体育教育）	41
2	R473（专科护理学）	106	7	R587（胰岛疾病）	39
3	R195（卫生统计与调查）	84	8	TU984（城市规划）	38
4	G812（体育事业-中国）	79	9	R87（运动医学）	37
5	R179（儿童、少年卫生）	70	10	G633（各科教学法、教学参考书-高中）	33

续表 7-4

序号	学科类目	文献量	序号	学科类目	文献量
11	R589（代谢病）	31	23	G80-05（体育与其他学科）	14
12	R749（精神病学）	29	24	R173（妇女保健与卫生）	14
13	R161（一般保健法）	28	25	G623（各科教学法、教学参考书-初小）	13
14	R541（心脏疾病）	24	26	G811（体育事业-世界）	13
15	R54［心脏、血管（循环系）疾病］	21	27	G353（情报资料的处理）	12
16	R714（产科学）	18	28	R181（流行病学基本理论与方法）	12
17	R737（泌尿生殖器肿瘤）	18	29	R151（营养学）	11
18	R544（血压异常）	17	30	R735（消化系肿瘤）	11
19	G806（体育锻炼）	16	31	TU985（绿化规划）	11
20	R715（临床优生学）	16	32	R193（卫生宣传教育）	10
21	R723（婴儿的营养障碍）	15	33	R580（内分泌腺疾病及代谢病）	10
22	TU986（园林规划与建设）	15	34	R743（神经病学与精神病学）	10

正如表 7-4 所示，国内体力活动研究文献主要分布在 G、R、TU 3 类，这表明体力活动与这 3 个学科有着密切的关联。具体来看，G 大类涵盖了 G804（体育基础科学）、G806（体育锻炼）、G812（体育事业-中国）、G807（体育教育）、G80-05（体育与其他学科）等 9 个学科类目。其中，有 6 个与体育学科相关，体力活动与体育锻炼紧密相连，是体育研究者关注的重要领域；另外 3 个与学校各阶段的各科教学法、教学参考书等有关。R 大类涵盖了 R473（专科护理学）、R195（卫生统计与调查）、R179（儿童、少年卫生）、R587（胰岛疾病）、R173（妇女保健与卫生）、R87（运动医学）等 22 个学科类目。这表明体力活动与医药、卫生大类中多个学科的研究紧密相连。体力活动在各个年龄段人群的日常卫生保健中发挥着重要作用，也与心血管、胰岛、内分泌腺等多种身体疾病的日常预防方法、患者治疗与康复手段密切相关。TU 大类涵盖了 TU986（园林规划与建设）、TU984（城市规划）、TU985（绿化规划）等 3 个学科类目。这显示出体力活动与建筑科学存在交叉点，主要体现在城市规划和绿色空间规划方面。

图 7-2 的数据揭示了体力活动研究的学科分布，可分为 3 类。首先，体力活动领域的深具影响力的研究主要集中在体育学科，涵盖了多达 500 篇文献，占整体学科分布的 31.1%，这表明国内体力活动的研究在体育学科中展开最为广泛，体力活动在体育学科中是传统研究领域。其次，医学类学科也在体力活动研究中占有重要地位，其起步较早、持续性强。前 10 位学科中有 7 个属于 R 大类，涵盖了预防医学与卫生学（156 篇）、临床医学（127 篇）、医药卫生方针政策与法律法规研究（106 篇）、内分泌腺疾病及全身性疾病（104 篇）、心血管系统疾病（76 篇）、特种医学（55 篇）、妇产科学（44 篇）等学科类目。尽管医学类学科中各个单独学科的文献量可能不及体育学科多，但总量达到了 631 篇，显示了医学领域对体力活动研究的全面关注，体力活动在预防各类身体疾病方面具有重要作用。最后，还有一些较为新兴或起步较晚的跨学科类学科涉及体力活动研究。这些学科包括建筑科学与过程（68 篇）、中等教育（47 篇）、初等教育（21 篇）、高等教育（13 篇）等。体力活动同样是青少年教育的重要组成部分，适

第7章 我国体力活动研究的现状与展望

度的体力活动不仅可以促进青少年的生长发育,还能培养他们坚强、自信的性格。特别是建筑科学与过程这一新兴学科,从2016年开始迅速增长,表明城市规划者们对于创造适宜的体力活动空间越来越重视。

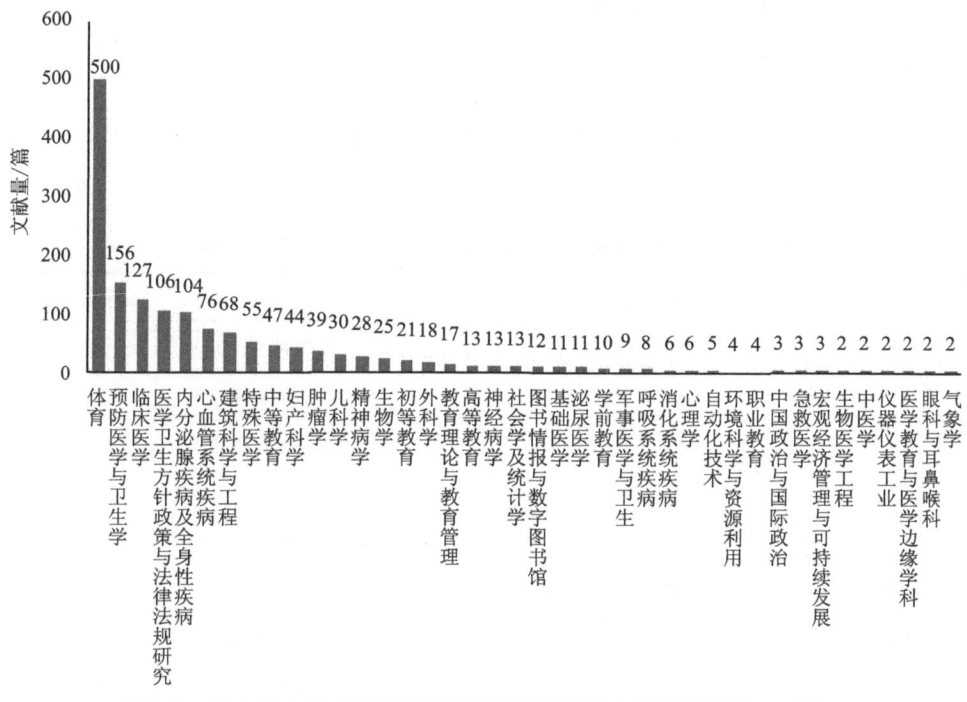

图7-2 国内体力活动研究文献主要学科分类(文献量排序前40位)

通过对体力活动研究的时间阶段和历史背景的深入分析,可以更全面地理解不同学科与体力活动之间的关系及其发展趋势。在中国的医学研究中,体力活动与养生保健的联系已有悠久历史。早在两千多年前,《黄帝内经》提出了"上医治未病"的医学思路,而华佗发明的五禽戏和传统武术(如太极拳、气功)等也一直是我国群众强身健体的方式。这些实践正体现了体力活动在医学中的重要性,通过增强体质来预防疾病。进入现代,中国国内体力活动研究在不同时期呈现出不同特点。从1958年的零散阶段开始,关于体力活动影响的中药学文献出现,开启了国内体力活动研究的序幕。1976年后,学者们投入学术研究,体力活动研究文献逐渐增加。尤其是1977—1980年,是我国体育制度正式形成的阶段,也是体力活动研究重新兴起的时期。然而,与此同时,医学和卫生学科的文献数量远多于体育学科,反映了当时医学领域对体力活动研究的较大关注。2001—2010年是体力活动研究的缓慢增长阶段,但自2001年北京申奥成功后,我国体育体制进行了全面深化改革,学校体育和社会体育得到发展。2008年北京奥运会的成功举办更是为体育事业注入了新的活力。这一时期,体育学科的体力活动研究数量逐渐追赶医学类的研究数量。到了2011—2022年时期,随着经济的快速发展和生活节奏的加快,慢性病的患病率上升,国民健康状况引起担忧。国家对全民健身的重视,尤其是2014年全民健身上升为国家战略,推动了体力活动研究的快速增长。不仅体育学科,各学科都在呼吁大众进行适度的体力活动以改善体质。同时,城市规划相关学科也开始重视提供适宜的体力活动空间，以促进公众的体力活动量，进而增强体质和改善健康水平。

综合上述分析，国内体力活动研究领域学科分布情况发现，国内体力活动研究的体育学科研究持续深入，跨学科性质增强，自1958年来经历了医学学科研究起步、体育与医学学科双轨研究拓展到多学科研究百花齐放的过程。

7.2.2 期刊分布

据统计，CAJD收录的1423篇体力活动研究文献，分布在423种期刊中。表7-5列出了文献量排序前32位的期刊名称。

表7-5 国内体力活动研究期刊一览表（文献量排序前32位）

序号	期刊名称	文献量/篇	占比/%	序号	期刊名称	文献量/篇	占比/%
1	《中国学校卫生》	89	6.25	17	《卫生研究》	16	1.12
2	《当代体育科技》	41	2.88	18	《文体用品与科技》	16	1.12
3	《国外医学》	40	2.81	19	《中国老年学杂志》	16	1.12
4	《中国运动医学杂志》	39	2.74	20	《中国慢性病预防与控制》	16	1.12
5	《北京体育大学学报》	30	2.11	21	《成都体育学院学报》	15	1.05
6	《现代预防医学》	26	1.83	22	《职业与健康》	15	1.05
7	《体育科学》	25	1.76	23	《护理学杂志》	14	0.98
8	《中国公共卫生》	23	1.62	24	《护理研究》	14	0.98
9	《中国体育科技》	22	1.55	25	《中国全科医学》	14	0.98
10	Journal of Sport and Health Science	20	1.41	26	《世界核心医学期刊文摘》	13	0.91
11	《体育与科学》	20	1.41	27	《浙江体育科学》	13	0.91
12	《湖北体育科技》	17	1.19	28	《首都体育学院学报》	12	0.84
13	《上海体育学院学报》	17	1.19	29	《西安体育学院学报》	11	0.77
14	《南京体育学院学报》	16	1.12	30	《中华疾病控制杂志》	11	0.77
15	《体育科技文献通报》	16	1.12	31	《福建体育科技》	10	0.70
16	《体育科研》	16	1.12	32	《青少年体育》	10	0.70

注：根据CAJD检索结果分析整理。

学术期刊是一种经过同行评审的期刊，发表在学术期刊上的文章通常涉及特定的学科。学术期刊展示了研究领域的成果，并起到了公示的作用，其内容以原创研究、综述文章、书评等形式的文章为主。对一个学术领域研究文献的来源出版物进行分析，可发现不同出版物的发文偏好和办刊特点，了解该领域的核心期刊群，把握各期刊的利用率及其含金量等，为科学研究人员进行投稿、文献搜集及杂志订阅提供参考依据。本研究收集的CAJD收录的1423篇体力活动研究文献，分布在423种期刊中。其中，发文量10篇以上的30种刊物中（表7-5）共载文 673 篇，占全部总文献量的 47.29%，刊均载文量 22.43 篇；而其他 391 种期刊共载文 750 篇，占文献总量的 52.71%，刊均载文量 1.92 篇。这表明我国相关期刊对体力活动的研究程度呈现出极不均衡的状态。由国家卫生健康委员会主管、中华预防医学会主办的《中国学校卫生》期刊，其载文量达到了 89 篇，显示该杂志对体力活动研究成果具有极大的偏好。此外，《当代体育科技》《国外医学》《中国运动医学杂志》和《北京体育大学学报》的载文量也均超过了相关文献总量的 2%，说明它们也是国内展示力量训练研究成果的重要舞台。

布拉德福定律是著名文献学家布拉德福于 20 世纪 30 年代提出的一个经验定律，主要用来描述科学文献在期刊中的分布规律（集中与离散分布）。它的主要内容是：将科技期刊按其刊载某学科（研究领域或研究主题）专业论文的数量从高到低排序，然后将期刊划分为文章数量大体相等的 3 个区，分别称为核心区、相关区和非相关区，各区期刊数量成 $1:n:n^2$ 的比例。布拉德福定律为遴选不同学科、研究领域或研究主题的核心期刊提供了理论依据。按照布拉德福定律的要求，对国内体力活动研究领域文献的期刊分布状况进行了统计，以验证其是否也遵循这一分布规律。本研究共收集到国外力量训练研究文献 1423 篇，其 1/3 大约有 474 篇。表 7-6 是 3 个分区的期刊数量及其载文情况。期刊的各区相关论文数大体相等，相继各区的期刊数之比为 17:61:345≈$1:7:7^2$，近似服从布拉福德分布，呈现出明显的幂率分布特征，表明国内体力活动研究领域文献期刊分布的集中离散趋势更加突出。

表 7-6　国内体力活动研究文献的期刊分区

类别	载文量阈值/篇	期刊数/种	总载文量/篇
核心区	16～89	17	473
相关区	4～16	61	475
非相关区	1～4	345	475

7.2.3　基金分布

研究是否获得资金支持确实可以反映研究的水平、品质以及对特定领域的重视程度。从 1423 篇国内体力活动研究文献的基金项目资助情况来看，有 1192 个不同的基金项目资助了 812 篇文章，占总文献量的 57.1%。这表明大部分的研究在进行时得到了不同级别的资金支持，有助于提高研究的科学性和可信度。

在前 10 位基金资助项目中，国家自然科学基金资助的项目数量最多。国家自然科学基金是我国重要的科研资助渠道之一，其资助的项目通常需要经过严格的评审程序，因此能够获得这种资助反映了研究的科学价值。此外，还有湖南省哲学社会科学基金和江苏省教育厅高等学校哲学社会科学基金等地方级资助项目。

前 10 位基金项目资助的研究文献数量达到 358 篇，占所有受资助文献数量的 44.1%。表明这些项目在体力活动研究领域的影响较大，也表明国家自然科学基金等资助机构对体力活动研究的重视程度较高（表 7-7）。

表 7-7　国内体力活动研究领域主要资金资助名单

序号	资助基金名称	资助文献量/篇
1	国家自然科学基金	110
2	国家社会科学基金	88
3	国家科技支撑计划	57
4	教育部人文社会科学研究项目	32
5	国家重点研发计划	11
6	湖南省哲学社会科学基金	11
7	江苏省教育厅高等学校哲学社会科学基金	11
8	中国博士后科学基金	10
9	全国教育规划课题	10
10	中央高校基本科研任务专项基金项目	9
11	高等学校博士学科点专项科研基金	9
12	上海市科学技术发展基金	8
13	湖南省教育科学规划课题	7
14	上海市重点学科建设项目	7
15	河南省科技攻关计划	6
16	辽宁省教育厅科学技术研究项目	6
17	广东省自然科学基金	5
18	浙江省教育厅科研计划	5
19	陕西省教育厅科研计划项目	5
20	上海市哲学社会科学规划课题	5

依据基金文献的时间分布情形(图 7-3),尽管在该领域的初期阶段基金资助相对较少,但目前情况呈现明显的好转趋势。在 2011—2022 年间,获得基金资助的论文占据了该时段内文献总量的 66.3%,覆盖了全部基金资助论文的 52.8%。

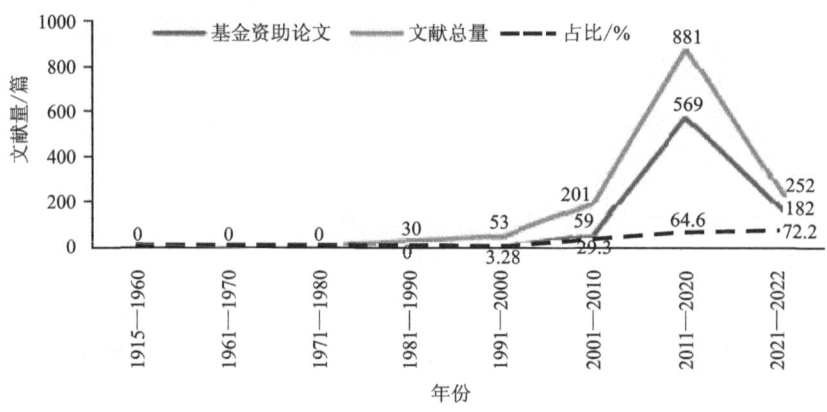

图 7-3　国内体力活动研究不同时段基金资助情况统计图

通过对2013—2022年的基金资助密度进行年度统计,可以更深入地了解国内体力活动领域的基金资助情况的微观结构变化。根据统计结果(表7-8),可以发现,持续获得基金资助:自1991—2000年起,国内体力活动研究就一直在持续获得基金资助。这表明学界对体力活动研究的重视程度逐渐提升,同时也反映了该领域的研究价值和潜力。资助规模显著增长:自2015年开始,国内体力活动研究的资助规模出现了显著的增长(表7-9)。尤其是近几年,资助密度急剧提升,占各年发文总量的70%以上。这说明在这一时间段内,更多的基金项目开始将注意力集中在体力活动领域,可能反映了学术界和政府对健康领域的共同关注。研究与人类健康关联增强:从资助趋势可以看出,国内基金项目的关注重点逐渐向与人类健康密切相关的体力活动领域转移。这可能反映了人们对健康问题的不断关注和认识,以及对促进人民健康的积极态度。近年来资助密度的急剧提升,表明体力活动领域的基金资助可能会继续增加。这一趋势有望在未来一段时间内持续加强,这对于促进体力活动研究的深入发展和推动相关政策的制定都具有重要意义。

表7-8 国内体力活动研究不同时段基金资助情况统计表

参数	1915—1960年	1961—1970年	1971—1980年	1981—1990年	1991—2000年	2001—2010年	2011—2020年	2021—2022年
资助论文/篇	0	0	0	0	2	59	569	182
文献总量/篇	1	0	4	30	53	201	881	252
百分比/%	0	0	0	0	3.8	29.3	64.6	72.2

表7-9 2013—2022年国内体力活动研究基金资助情况表

参数	2013年	2014年	2015年	2016年	2017年	2018年	2019年	2020年	2021年	2022年
资助论文/篇	36	47	42	53	61	78	98	96	81	101
文献总量/篇	59	82	70	92	102	115	118	136	113	139
百分比/%	61	57.3	60	57.6	59.8	67.8	83	70.6	71.7	72.7

7.3 我国体力活动研究文献的主要力量

7.3.1 主要研究作者与合作网络

据统计,1423篇样本文献中,除5篇文献未署名外,共1418篇论文署名,署名频次为5056次,篇均作者约4人,单篇文献署名作者最多为17人。作者是科学研究活动最重要的践行者,是科学生产系统中最活跃、最积极、最具主观能动性的因素。作者合作网络是科学合作网络的微观结构,作者的科研产出能力及其合作研究状况直接影响甚至决定着研究机构、国家(地区)的科研产出及其在相关合作网络中的地位和声望。稳定的核心作者团队,是一个学科(研究领域或研究主题)实现可持续发展的智力基础,是推动学科(研究领域或研究主题)

走向繁荣的中流砥柱和中坚力量。因此,对主要研究作者与合作网络进行研究,可厘清该领域的核心作者群体结构,更重要的是可使人们深入地理解国内体力活动研究领域知识主体网络的互动机制。

稳定的研究群体是国内体力活动发展的基础与保证,是推动体力活动研究的重要力量。表 7-10 列出了文献量前 37 位的作者,是国内体力活动研究领域最活跃的研究主体,是体力活动研究保持旺盛生命力的中坚力量。根据普赖斯定律,核心作者的论文量应该占全部文献量的一半,核心作者最低发文数 m 值为 $0.749\sqrt{n_{max}}$(n_{max} 为发文最多的作者发表的论文数量)。在本研究中 n_{max} 为 29,m 取整数值为 4。发表 4 篇及以上论文的作者共 141 人,共发表论文 866 篇,占总论文数的 60.86%,符合普赖斯定律,可以判断国内运动心理学研究的核心作者群初步形成,与相关研究结论一致。

表 7-10 国内体力活动研究主要作者一览表(文献量排序前 37 位)

序号	作者	文献量	序号	作者	文献量
1	陈佩杰	29	20	洪忻	9
2	王竹影	23	21	江崇民	9
3	徐斐	19	22	向剑锋	8
4	李红娟	17	23	谌晓安	8
5	王正珍	16	24	岳建军	8
6	庄洁	14	25	全明辉	8
7	王志勇	14	26	陈乐琴	8
8	孙飙	12	27	李新	8
9	林家仕	11	28	王厚雷	8
10	吴志建	11	29	尹小俭	8
11	王艳	11	30	刘爱玲	7
12	何晓龙	10	31	吴美琼	7
13	韩西丽	10	32	赵晓龙	7
14	马冠生	10	33	乔玉成	7
15	宋彦李青	10	34	张海平	7
16	谢敏豪	10	35	陶芳标	7
17	李国强	9	36	李森	7
18	张帆	9	37	冯持真	7
19	戴剑松	9			

越来越多的研究人员认识到团队合作对科学研究的重要性,研究人员的合作和联系日趋频繁,合作文献的增多通常被认为是科研合作增长的一个标志。据统计,1423 篇文献的 3670 位作者出现总频次为 5056 次。2 位及以上作者的文献数量为 1167 篇,整体合作率为 82.01%;3 位及以上作者的文献数量为 837 篇,整体合作率为 58.82%;4 位及以上作者的文献数量为

第 7 章 我国体力活动研究的现状与展望

575 篇,整体合作率为 40.41%;5 位及以上作者的文献数量为 400 篇,整体合作率为 28.11%;6 位及以上作者的文献数量为 266 篇,整体合作率为 18.69%;7 位及以上作者的文献数量为 174 篇,整体合作率为 12.23%;8 位及以上作者的文献数量为 102 篇,整体合作率为 7.17%;9 位及以上作者的文献数量为 52 篇,整体合作率为 3.65%;10 位及以上作者的文献数量为 33 篇,整体合作率为 2.32%;11 位及以上作者的文献数量为 17 篇,整体合作率为 1.19%;12 位及以上作者的文献数量为 7 篇,整体合作率为 0.49%;13 位及以上作者的文献数量为 3 篇,整体合作率为 0.21%;14 位及以上作者的文献数量为 2 篇,整体合作率为 0.14%;15 位及以上作者的文献数量为 1 篇,整体合作率为 0.07%。这说明互动合作成为保障我国体力活动领域高质量的科研成果产出以及学科整体科研水平发展的重要因素。

发文量排名前 3 的作者依次为陈佩杰、王竹影、徐斐,表明这 3 位作者在体力活动研究领域具有重要性。发表文献数量排名第一的作者是上海体育学院的博士研究生导师陈佩杰教授,主要研究方向体力活动与公共健康;发表文献数量排名第二的作者是南京师范大学博士研究生导师王竹影教授,主要研究方向为运动康复;发表文献数量排名第三的作者是江苏省南京市疾病预防控制中心主任医师徐斐,主要研究方向为预防医学与卫生学、医药卫生方针政策与法律法规研究和内分泌腺及全身性疾病。

图 7-4 描绘了当前国内体力活动研究作者合作网络与聚类。从图中可以看出,已经形成了众多较为稳定的合作聚类。其中,最为主要的聚类包括以上海体育学院陈佩杰、庄洁和浙江师范大学何晓龙为核心的合作聚类,以南京师范大学王竹影、吴志建为核心的合作聚类,以北京体育大学李红娟、王正珍与天津体育学院王艳为核心的合作聚类,以江苏省体育科学研究所李森、南京体育学院盛蕾、首都体育学院贺刚为核心的合作聚类,以国家体育总局科学研究所江崇民、上海体育学院李国强、李米环为核心的合作聚类,以中国疾病预防控制中心朴建华、毛德倩与上海体育学院张莹为核心的合作聚类等。

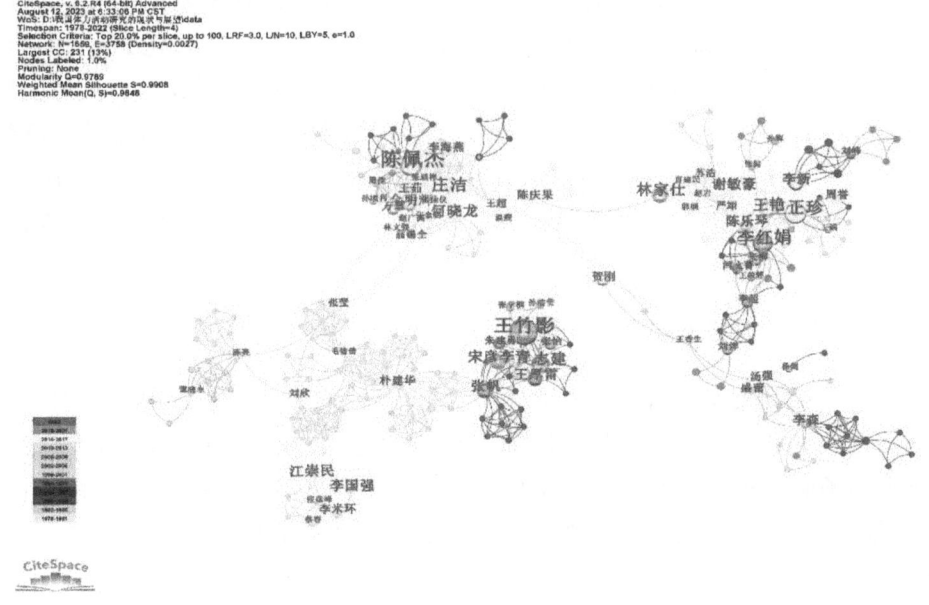

图 7-4　国内体力活动研究作者合作网络聚类图谱

图 7-4 展示了国内体力活动研究的主要作者的合作网络,可以清楚地看出,已经形成了若干个稳定的合作聚类,其中最重要的聚类包括以下几个方面。

合作聚类 1 是当前国内体力活动研究最大的合作网络,由 58 名专家组成。主要专家有北京体育大学李红娟(17 篇)、王正珍(16 篇),天津体育学院王艳(11 篇),集美大学林家仕(11 篇),国家体育总局运动医学研究所谢敏豪(9 篇),陕西师范大学陈乐琴(8 篇),成都体育学院李新(8 篇)等。该合作网络中专家的研究领域为体力活动与青少年体质健康和老年慢性疾病之间的关系,描述出了我国体力活动锻炼与青少年动作能力发展的关系以及参与体力活动锻炼对促进我国青少年体质健康发育的重要作用,并全面地说明体力活动对预防和治疗慢性疾病的作用,为人们进行体力活动锻炼和预防慢性疾病提供了理论基础。

合作聚类 2 是由 47 名高产专家组成的国内体力活动研究最为重要的合作网络。聚类中的代表性专家有上海体育学院陈佩杰(29 篇)、庄洁(14 篇)、全明辉(8 篇)、王茹(5 篇)、方慧(5 篇),浙江师范大学何晓龙(10 篇),四川师范大学陈庆果(5 篇),温州医科大学附属第一医院临床医学陈海燕(5 篇)等。该合作网络中专家的研究领域为聚类簇左上侧的体力活动对认识能力的影响和儿童青少年体力活动变化趋势特征研究,尤其是儿童体力活动变化趋势特征及其对儿童体适能发展的追踪研究。该聚类簇 100 余篇研究文献从体力活动对儿童青少年的认识能力、体适能发展和建成环境因素等方面,讨论了体力活动对儿童青少年心智发育的一系列影响,为人们理解体力活动对儿童青少年认识能力和体适能变化趋势具有重要的理论实践意义。

合作聚类 3 是由 24 名专家组成的另一重要合作网络。主要专家有南京师范大学王竹影(23 篇)、吴志建(11 篇),南京工业大学宋彦李青(10 篇),上海中医药大学附属龙华医院张帆(9 篇),南京邮电大学王厚雷,南京理工大学张怡等。该合作网络中专家们的研究领域为聚类簇中间下侧的体力活动对老年人身体健康的影响,尤其是我国城市社区建成环境与社区老年居民的户外体力活动及健康自我评价的研究。该聚类簇 100 余篇文献的研究重点在于体力活动与社区老年人健康功能的关系和建成环境对城市社区老年人户外体力活动的影响,特别是王竹影的几项重要研究是体力活动身体健康的重要基础性文献。如《老年人休闲性体力活动建成环境影响因素的 Meta 分析》全面地综述了影响老年人体力活动的建成环境包括交通安全性、目的地可达性、环境安全性、美学感知、公园绿地、居住密度和土地混合使用率,以及街道连通性、人行道质量等,建议政府规划部门改善城市建成环境中的各有利因素,促进老年人休闲性体力活动,提高其健康水平。

7.3.2 主要研究机构与合作网络

据统计,1423 篇研究文献机构为 666 所,其中贡献数值最大的 6 所机构分别为上海体育学院、北京体育大学、北京大学、中山大学、南京师范学院、华东师范大学、复旦大学、南京体育学院、中国疾病预防控制中心和安徽医科大学。表 7-11 列出了发文量前 20 位的机构,共计发文量为 546 篇,占比 38.37%;其中发文量前 6 位的机构的发文量达到了 300 篇,占总文献量的 21.08%。

表 7-11 1958—2022 年国内体力活动研究主要机构一览表（文献量排序前 20 位）

序号	机构名称	文献量/篇	占比/%	序号	机构名称	文献量/篇	占比/%
1	上海体育学院	82	15.01	11	中国疾控中心营养与食品安全所	20	3.66
2	北京体育大学	60	10.98	12	山西师范大学	19	3.47
3	北京大学	57	10.43	13	哈尔滨工业大学	17	3.11
4	中山大学	41	7.51	14	同济大学	17	3.11
5	复旦大学	32	5.86	15	上海体育科学研究所	16	2.93
6	南京师范大学	28	5.12	16	南京医科大学	16	2.93
7	华东师范大学	27	4.94	17	集美大学	13	2.38
8	南京体育学院	26	4.76	18	广州体育学院	12	2.19
9	安徽医科大学	22	4.02	19	江苏省体育科学研究所	10	1.83
10	江苏省南京市疾控中心	21	3.84	20	国家体育总局体育科学研究所	10	1.83

对表 7-11 进行分析发现，高校是体力活动研究的重要力量，文献量排序前 20 位的机构中高校为 15 所，且排序前 6 位的均为高校。15 所高校中体育类院校为 4 所，共计发文量 180 篇，占比 33.70%；综合类院校为 7 所，共计发文量 202 篇，占比 37.83%；师范类院校为 3 所，共计发文量 74 篇，占比仅 13.86%。从发文比例上发现，节点最大的是上海体育学院，占比最高，北京体育大学次之。说明体育类院校凭借自身在专业水平高、体育专业资源丰富，有大规模的专业团队，在体育科学领域中拥有其他类型院校难以具有的科学研究能力，是我国体力活动研究的核心力量，引领着研究领域的发展。师范类院校对体力活动研究也有较高的关注度，是我国体力活动研究的重要力量。

根据统计，1958—2000 年国内体力活动仅有 89 篇。表 7-12 表明，这个阶段发文量排名前 10 位的均为医学领域的机构，没有体育类专业院校，验证了这一阶段国内体力活动的研究处于起步阶段，体育类专业院校研究还未开始。主要原因主要有两种：一是当时我国的高等教育建设水平较低，体育类专业院校科研水平较低，从事体育相关领域的科研人才稀少；二是这一阶段经济发展水平低，大众的生活需求是解决温饱问题，更多从事的是以体力劳动为主的工作。

表 7-12 1958—2000 年国内体力活动研究主要机构一览表（排序前 10 位）

序号	机构名称	文献量/篇
1	同济医科大学	3
2	第一军医大学	3
3	青海省职业病防治院	2
4	第四军医大学	2

续表 7-12

序号	机构名称	文献量/篇
5	北京医科大学	2
6	第三军医大学附属医院	1
7	上海医科大学中山医院	1
8	河南省卫生防疫站	1
9	辽宁省大连市西岗区卫生院	1
10	军事医学院	1

表 7-13 表明,从第二阶段开始,国内体力活动研究的科学中心开始出现从医学领域向体育领域转移的趋势,到第三阶段,发文量最多和次多的机构均为体育类专业院校。此外,还可以发现,第二阶段的总发文量约为第一阶段的 2.25 倍,第三阶段的总发文量约为第二阶段的 5.81 倍,表明越来越多的机构开始关注体力活动领域的研究。原因可能是随着经济的发展,社会的物质水平发展迅速,消费需求开始从生活必需型转向了享受型的消费,对体力活动的关注开始从临床需要回归到体育领域的研究。

表 7-13 国内体力活动研究领域的科学中心

类别	1958—2000 年			2000—2010 年			2011—2022 年		
	机构名称	发文量/总发文量	占比/%	机构名称	发文量/总发文量	占比/%	机构名称	发文量/总发文量	占比/%
发文量最多	同济医科大学	3/89	3.37	中国疾病预防控制中心	16/201	7.96	上海体育学院	82/1168	7.02
发文量次多	第一军医大学	2/89	2.24	复旦大学	9/201	4.47	北京体育大学	60/1168	5.13

相关研究表明,国内体力活动研究领域机构间的合作网络同样具有小世界和无标度特征。为验证国内体力活动研究领域机构间静态科研合作网络是否也具有相似的特征,运用 Citespace 软件构建了相关研究机构共现网络图谱。由于该领域研究机构众多,网络间的关系错综复杂,构建机构间共现全景图虽能使人们了解相关机构间合作的全貌,但易于掩盖其中重要的合作关系。为此,通过设置阈值的方式遴选相对高产的研究机构作为构图元素,以清晰地揭示国内体力活动研究领域机构间科研合作关系的主干架构。

图 7-5 为国内体力活动研究机构合作网络聚类图谱,可以看出上海体育学院运动科学学院、上海体育学院、北京体育大学、华东师范大学体育与健康学院、上海体育科学研究所在图谱中占据了核心位置(中心性分别为 0.02、0.01、0.01、0.01 和 0.01),是当前国内体力活动研究领域的主要推动者和引领者。该网络共有节点 1489 个,连线 1344 条,网络密度 0.012 相对较低,表明国内体力活动研究领域高产机构间的合作关系也不甚密切,从机构中心性也可以看出机构间的合作关系较为分散,其中 1489 个研究机构中有中心性的研究机构仅为 10 个。

第 7 章 我国体力活动研究的现状与展望

从中心性排序前 10 的研究机构来看(表 7-14),中心性最高的机构是上海体育学院运动科学学院中心性为 0.02 发文量 22 篇,而上海体育学院发文量 30 篇中心性却只有 0.01 与北京体育大学发文量 26 篇和发文量只有 2 篇的曲阜师范大学体育科学学院中心性相同,表明国内体力活动研究机构之间合作较少,并未形成核心研究机构群,主要是同机构之间的合作交流。建议国内研究机构之间加强合作交流,尤其是发文量排名前 5 位的研究机构之间应该加强合作,以促进我国体力活动研究理论发展。

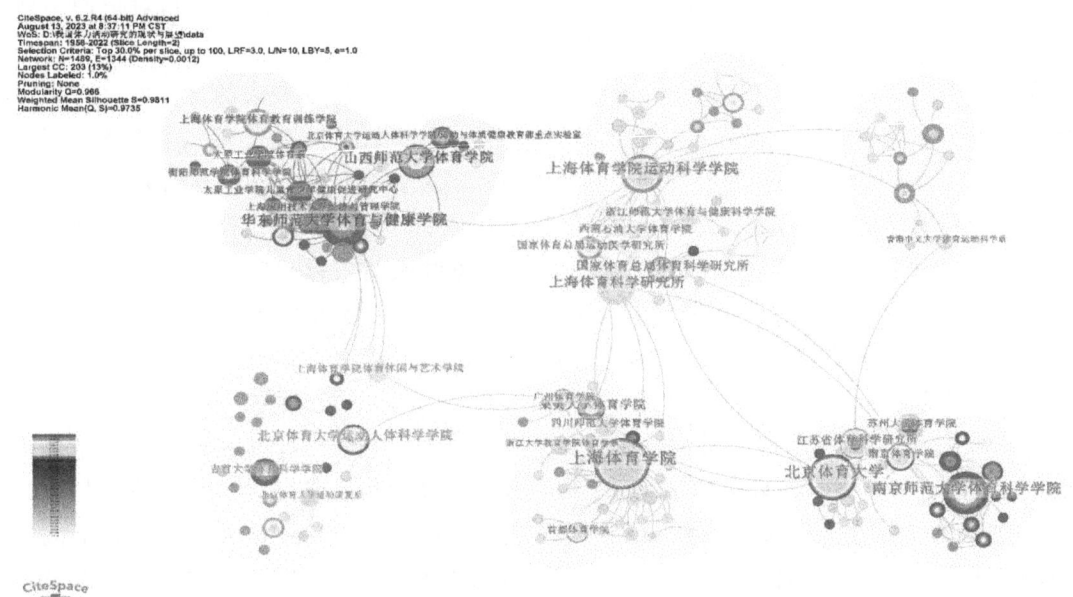

图 7-5 国内体力活动研究机构合作网络聚类图谱

表 7-14 国内体力活动研究机构中心性(前 10 位)

序号	研究机构	中心性	发文量/篇
1	上海体育学院运动科学学院	0.02	22
2	上海体育学院	0.01	30
3	北京体育大学	0.01	26
4	华东师范大学体育与健康学院	0.01	22
5	上海体育科学研究所	0.01	16
6	北京体育大学运动人体科学学院	0.01	13
7	集美大学体育学院	0.01	12
8	国家体育总局体育科学研究所	0.01	11
9	南京体育学院	0.01	8
10	曲阜师范大学体育科学学院	0.01	2

图 7-5 展示了国内体力活动研究的主要机构的合作网络,可以清楚地看出,已经形成了若干个稳定的合作聚类,其中最重要的聚类包括以下几个方面。

合作聚类1是当前国内体力活动研究机构的合作网络，由43所研究机构组成。主要研究机构有华东师范大学体育与健康学院（22篇）、山西师范大学体育学院（18篇）、上海体育学院体育教育训练学院（8篇）、上海应用技术大学经济与管理学院（6篇）、太原工业学院儿童青少年健康促进研究中心（6篇）等。其中华东师范大学研究机构的主要研究成果主要集中在2015年以后，2022年产出研究成果最多为8篇。该研究机构的主要研究领域为儿童青少年与体力活动，聚焦于体力活动水平、模式与身心健康促进的系统评估、儿童青少年体力活动参与的制约因素、超重以及肥胖症内在关联性和体力活动的测量与评价等方面，对全面了解儿童青少年与体力活动的关系具有重要指导作用。

合作聚类2是由45名高产研究机构组成的国内体力活动研究最大的合作网络。聚类中的代表性研究机构有中心性排序第一的上海体育学院运动科学学院（22篇）、上海体育科学研究所（16篇）、国家体育总局体育科学研究所（11篇）、国家体育总局运动医学研究所（7篇）、西南石油大学体育学院（7篇）、浙江师范大学体育与健康科学学院（7篇）等。该合作网络中研究机构的研究领域为聚类簇中上侧的体力活动与人体健康的关系和影响人们进行体力活动的建成环境因素研究。该聚类簇研究起步较晚，2009年以后才开始进行体力活动的相关研究，但发展较为迅速，研究成果众多10余年间已公开发表100余篇研究文献。其中上海体育学院运动科学学院在这个研究领域已有22篇研究成果，是该研究领域的主要贡献者。

合作聚类3是由36所研究机构组成的另一重要合作网络。主要研究机构有北京体育大学（26篇）、南京师范大学体育科学学院（22篇）、江苏省体育科学研究所（9篇）、南京体育学院（8篇）、苏州大学体育学院（8篇）等。该合作网络中专家们的研究领域为聚类簇右下侧的体力活动水平与儿童青少年体质健康的关系。例如，张嫚华2020年公开发表的《中国儿童青少年体力活动现状的Meta分析》，系统性地综述了中国儿童青少年体力活动的现状，发现中国儿童青少年中高强度体力活动不足，静态行为较多；女孩中高强度体力活动尤其不足，上学日的中高强度体力活动时间及静态行为时间均高于周末日；因此，构建学校-社区-家庭"三位一体"的儿童青少年体力活动促进的干预模式是减少其静坐行为、促进儿童青少年积极参与体力活动的重要措施。

7.4 我国体力活动研究的热点-词频分析与共现网络

词频分析法能够对揭示或表达文献核心内容的主题词（或关键词）在某一研究领域文献中出现的频次进行统计，依据相关词汇出现频次的高低及其随时间的变化趋势，来判定该领域研究热点及发展动向的文献计量学方法。表达领域研究主题或研究方向的专业术语，通常被标著为关键词，是未经规范的自然语言。如果文献内某关键词或词组出现的频率越高，表明该领域科研人员对其关注的程度也越高，它所代表的研究内容就越有可能是该领域的研究重点之所在。关键词在某一时段反复高频出现在专业学术成果中，表明关键词所反映的内容是该领域学术共同体此时最为关注的研究主题。

本节以国内1915—2022年时段的关键词为研究集合。CAJD收录的第一篇以"体力活动"为关键词的文献时间是1958年，所以此处关键词统计时间从1958年开始，1958年1月1

第 7 章 我国体力活动研究的现状与展望

日—2022年12月31日共出现关键词1379个(关键词来源于本次研究所收集数据),其中出现频率大于等于10次的高频关键词共55个(表7-15),总计出现2393次,在检索时间段内关键词出现次数的52.12%。本节就以这55个高频关键词为分析对象,从中探讨国内体力活动研究的热点。

表 7-15 高频词关键表

关键词	频次	关键词	频次	关键词	频次
体力活动	1011	体质健康	24	身体成分	12
青少年	106	信度	21	肥胖症	12
运动活动	76	危险因素	20	孕期	11
老年人	74	骨密度	20	睡眠	11
儿童	72	糖尿病	19	冠心病	11
影响因素	71	高血压	18	中学生	11
建成环境	70	超重	18	抑郁	11
大学生	66	慢性病	18	风景园林	11
学生	50	代谢当量	17	心理健康	11
能量消耗	38	体质	17	测量	10
健康	35	相关性	16	心肺耐力	10
肥胖	32	体育运动	16	腹膜透析	10
健康促进	31	乳腺癌	15	学校体育	10
综述	31	孕妇	14	运动处方	10
运动	29	干预	13	久坐行为	10
加速度计	29	自我效能	13	成年人	10
生活质量	27	饮食习惯	12	体重指数	10
回归分析	25	身体素质	12		
效度	24	体育锻炼	12		

在本研究中,检索策略可能会导致某些关键词出现的频率较高,如体力活动1011次、青少年106次、运动活动76次、老年人74次、儿童72次、影响因素71次和建成环境70次等,体力活动在不同年龄群体中具有重要的影响。对于青少年和儿童来说,积极参与运动活动有助于促进身体健康和发展,体力活动与运动活动对骨骼生长和发育产生积极影响,可以为未来的健康打下坚实基础。老年人也可以从体力活动中受益。适当的运动可以帮助老年人维持肌肉质量、骨密度和平衡能力,从而减少跌倒和骨折的风险。此外,体力活动还有助于保持老年人的心理健康,减轻抑郁和焦虑。然而,影响体力活动的因素不仅包括个体内部因素,还包括外部支持环境,如建成环境。一个适宜体力活动的建成环境可以极大地促进人们参与体力活动。

7.4.1 国内体力活动研究的重点之一——研究对象

表 7-15 可以看出,国内体力活动涉及到的研究对象包括青少年(106 次),老年人(74 次),儿童(72 次)以及成年人(10 次)的高频关键词,其他关键词是以上关键词的强相关词,如老年男性、老年妇女、巨大儿、学龄前儿童、高中生以及大学生等,说明国内体力活动研究对象较为广泛。在我国,科研更加关注竞技体育活动,但在体力活动的研究领域中却与之相反,这也从侧面说明体力活动的研究与普通人群的关系更为密切,体现了体育科研为人民服务的价值取向,同时也说明研究对象的范围仍然较大的拓展空间。除此之外,部分研究是以动物为实验研究对象,其中老鼠是体力活动研究中最为常见的研究载体。

7.4.2 国内体力活动研究的重点之二——研究方法

统计之后我们发现,国内体力活动的研究所采取的研究方法主要是实验法,与之相关的关键词有自然实验,对比研究、信度、效度、试验等。说明国内体力活动研究人员主要采用随机对照试验方法,以加速度计以及计步器为主要测度工具,通过对不同参与人群、不同身体部位、不同练习方式、不同训练时间及不同负荷量度等实验因素和因素水平的组合与变化,来分析和验证其对体力活动效果的影响。此外,实验数据的处理也是研究的重点,如相关分析、多元分析、回归方程等,为体力活动科研人员科学地进行实验设计,有效地分析实验结果,顺利地得出正确结论夯实了方法学基础,并促进了体力活动研究范式的形成与完善。同样,问卷调查在体力活动研究中的作用同样不可忽视,通过问卷调查,研究者能够迅速、经济地收集大量信息,涵盖广泛的主题,从体力活动的类型与频率到体力活动的效果等。此外,问卷调查可涵盖不同年龄、性别、地域和社会背景的受访者,确保研究结果的代表性。匿名性和隐私保护也使参与者更愿意分享真实信息,从而提高数据质量。便捷的数据收集方式、方便的参与条件以及数字化数据的快速分析,使问卷调查成为适用于大规模研究和迅速获取反馈的强大工具,从而为体力活动研究领域的深入探索提供了坚实的基础。除实验法与问卷调查外,另一个被国外力量训练研究人员经常采用的研究方法是元分析方法。元分析方法是在传统的文献综述的基础上发展起来的一种新的将定性分析与定量分析相结合的文献综合方法。这种研究方法的广泛采用,说明国内体力活动研究人员善于对前人的研究成果进行系统的梳理、比较、综合和分析,以探索过往研究中存在的共识、矛盾和分歧等,为确定新的研究问题提供帮助,并可对体力活动研究未来的发展趋势进行预测。

7.4.3 国内体力活动研究的重点之三——健康领域

从表 7-16 中可以发现,体力活动研究的重点之一是人体健康相关方向,其包括促进青少年儿童的生长发育和体质提升、流行病学研究等细分领域。在医疗和功能康复领域有着广泛的应用性研究,显露出体育的人文关怀。特别是针对患有不同疾病的各类特殊人群,如糖尿病患者、心血管疾病患者、高血压患者、癌症患者、肥胖症患者及各种残障人士等,开展了大量的相关研究,试图通过开具运动处方来进行各类体力活动以改善他们相关器官和系统的功能,进而提高他们的生活质量。通过关注体力活动对各种疾病的预防、治疗以及治疗的促进

第 7 章 我国体力活动研究的现状与展望

康复进行体力活动的研究,如高血压、骨质疏松以及各类慢性疾病的预防与治疗,体力活动对于各类型糖尿病的治疗、癌症病人术后恢复具有促进作用,探讨了体力活动在流行病学研究领域之中的益处。在体力活动促进青少年儿童的生长发育和体质提升的相关研究之中,通过研究进行体力活动前后(如体育锻炼前后)各项生理指标的变化,例如心肺耐力、身体指数(BMI)等对体力活动的益处进行确认。

表 7-16 3 个阶段排名前 40 位高频关键词一览表

1958—2000 年		2001—2010 年		2011—2022 年	
关键词	频次	关键词	频次	关键词	频次
体力活动	71	体力活动	142	体力活动	798
老年人	8	大学生	11	青少年	99
活动量	3	慢性病	9	运动活动	71
耗氧量	3	骨密度	8	建成环境	70
氧耗量	3	危险因素	8	儿童	70
摄取量	3	学生	8	影响因素	68
中等强度	2	能量消耗	8	老年人	60
慢性病	2	效度	7	大学生	55
危险因素	2	青少年	7	学生	42
摄入量	2	信度	6	肥胖	31
高血压	2	老年人	6	能量消耗	30
收缩压	2	体质	6	健康	30
运动	2	运动活动	5	综述	28
糖尿病	2	体育运动	5	健康促进	26
高原	2	流行病学	5	加速度计	26
适应	2	体育锻炼	5	运动	25
抗疲劳	2	健康促进	5	生活质量	25
冠心病	2	健康	5	回归分析	24
发病率	2	代谢当量	5	体质健康	20
抗热	1	高原	5	超重	18
研究设想	1	女性	4	效度	17
耐热能力	1	运动处方	4	糖尿病	16
劳动强度	1	饮食习惯	4	相关性	16
体育锻炼	1	用力	4	信度	15
学龄儿童	1	公务员	4	高血压	14
动脉血压	1	心率	4	乳腺癌	13
肥胖基因	1	氧耗量	4	孕妇	13

续表 7-16

1958—2000 年		2001—2010 年		2011—2022 年	
关键词	频次	关键词	频次	关键词	频次
代谢参数	1	膳食	4	干预	13
高山居民	1	体质健康	4	骨密度	12
缺氧	1	老年妇女	3	身体素质	12
下肢骨骼	1	腹膜透析	3	代谢当量	12
老年男性	1	心血管病	3	自我效能	12
骨质疏松	1	孕期	3	睡眠	11
慢性疾病	1	综述	3	体育运动	11
体重超重	1	氧脉搏	3	中学生	11
吸烟者	1	加速度计	3	体质	11
尾壳核	1	慢性疾病	3	风景园林	11
正常血压	1	肥胖症	3	危险因素	10
儿茶酚胺	1	影响因素	3	心肺耐力	10
大脑皮质	1	对比研究	3	久坐行为	10

7.4.4 国内体力活动研究重点的演变

对高频关键词出现频次的分析仅是对 65 年来国内体力活动研究重点的静态描述,要了解国内体力活动研究重点的变化,还需对这些高频关键词进行历时性动态分析。此处依据上文划分的 3 个研究阶段对 55 个高频关键词的历时性频次变化进行了统计,以此反映国内体力活动研究重点的演变趋势(表 7-17)。

表 7-17 国内体力活动研究高频关键词历时性变化性趋势

关键词	1958—2000 年频次	2001—2010 年频次	2011—2022 年频次	合计频次	平均增长率/%
体力活动	71	142	798	1011	280.98
青少年	0	7	99	106	1 007.14
运动活动	0	5	71	76	910.00
老年人	8	6	60	74	437.50
儿童	0	2	70	72	1 800.00
影响因素	0	3	68	71	1 233.00
建成环境	0	0	70	70	3 500.00
大学生	0	11	55	66	750.00
学生	0	8	42	50	825.00
能量消耗	0	8	30	38	675.00

续表 7-17

关键词	1958—2000 年频次	2001—2010 年频次	2011—2022 年频次	合计频次	平均增长率/%
健康	0	5	30	35	500.00
肥胖	0	1	31	32	1 550.00
健康促进	0	5	26	31	460.00
综述	0	3	28	31	566.67
运动	2	2	25	29	575.00
加速度计	0	3	26	29	533.30
生活质量	0	2	25	27	675.00
回归分析	0	1	24	25	1 200.00
效度	0	7	17	24	492.00
体质健康	0	4	20	24	400.00
信度	0	6	15	21	375.00
危险因素	2	8	10	20	162.50
骨密度	0	8	12	20	425.00
糖尿病	1	2	16	19	400.00
高血压	2	2	14	18	300.00
超重	0	0	18	18	900.00
慢性病	2	9	7	18	163.89
代谢当量	0	5	12	17	320.00
体质	0	6	11	17	291.67
相关性	0	0	16	16	800.00
体育运动	0	5	11	16	310.00
乳腺癌	0	2	13	15	375.00
孕妇	0	1	13	14	650.00
干预	0	0	13	13	650.00
自我效能	0	1	12	13	600.00
饮食习惯	0	4	8	12	250.00
身体素质	0	0	12	12	600.00
体育锻炼	1	5	6	12	210.00
身体成分	0	2	10	12	300.00
肥胖症	0	3	9	12	250.00
孕期	0	3	8	11	233.33
睡眠	0	0	11	11	550.00
冠心病	2	3	6	11	75.00

续表 7-17

关键词	1958—2000 年频次	2001—2010 年频次	2011—2022 年频次	合计频次	平均增长率/%
中学生	0	0	11	11	550.00
抑郁	0	1	10	11	500.00
风景园林	0	0	11	1	550.00
心理健康	0	2	9	11	275.00
测量	1	2	7	10	175.00
心肺耐力	0	0	10	10	500.00
腹膜透析	0	3	7	10	283.30
学校体育	0	1	9	10	450.00
运动处方	0	4	6	10	225.00
久坐行为	0	0	10	10	500.00
成年人	0	0	10	10	500.00
体重指数	1	2	7	10	175.00

科学研究的发展有其自身内在的规律性，总体呈现出从零散分布、快速成长、缓慢增长到逐渐衰退的生命周期现象。通常情况下，某一主题研究的零散分布阶段，其发展速度较慢，关注该研究的人员较少，发文量也较低，相对应地反映该主题的学术关键词出现频率也不高；随着研究的不断深入，进入该研究领域的科研人员逐渐增多，发文量持续快速增长，反映主题研究内容的关键词出现的频率也就迅速飙升，形成研究热点，主题研究进入快速成长期；之后，由于主题研究学术共同体的规模相对稳定，发文量及主题相关关键词维持高位窄幅波动，研究进入成熟期；最后，研究步入衰退期。通过观察表 7-17 发现，国内现阶段体力活动研究领域表现出极为活跃的态势，极少有平均增长率低于 100%，整体平均增长率为 586.28%，我国体力活动现研究阶段已经不能称为快速发展阶段，称之为高速发展阶段似乎更为合理。分析高频关键词的平均增长率发现，建成环境、儿童、肥胖、影响因素、回归分析、青少年、运动活动、超重、学生、相关性、大学生、能量消耗、生活质量、孕妇、干预、自我效能、身体素质、运动、睡眠、中学生、风景园林、加速度计、健康、抑郁、心肺耐力、久坐行为、成年人等 28 个的表现较为突出，平均增长率均超过 500%，说明它们是国内体力活动研究中快速成长的重点研究内容。同时也反映了国内体力活动研究起步时间相对较晚（前几个年段词频较低或无）且后几个年段增长速率较快，这些高频关键词所代表的研究内容特别值得关注，它们有可能是未来一段时期内国外力量训练研究领域予以重点关注的研究内容。

关键词的平均增长率只是从关键词的词频变化幅度这一侧面反映了国内体力活动科研人员对某问题的关注程度。该指标并未考虑各关键词出现的总频次，而关键词出现的总频次及其年段变化状况则可从另一个角度揭示国外力量训练重点研究内容的演变态势。经统计，55 个高频关键词 65 年间共出现 2393 次，词均 43.5 次，其中体力活动、青少年、运动活动、老年人、儿童、影响因素、建成环境、大学生、学生等 9 个词均超过了平均值，年段平均出现 177.33 次。

国内体力活动研究领域呈现出令人瞩目的快速发展和持续关注的研究重点,这些重点所涵盖的主题无疑应成为我国相关领域科研人员的焦点。然而,在某些研究领域也不可忽视,虽然其平均增长率和总频次尚未达到整体均值,但也展现出近年来稳定的增长态势。这些平稳增长却不容忽视的研究内容同样值得引起关注。只有深入了解和把握这些保持平稳增长的研究领域的演变态势,才能更加全面地洞察整个体力活动研究领域的脉络与走向,挖掘出更多的研究机遇,并为未来的科研工作奠定坚实的基础。

7.4.5 国内体力活动研究的热点前沿及其演进轨迹

一个研究领域的研究重点、研究热点和研究前沿是几个联系密切但又不完全相同的概念范畴。《现代汉语词典》(第7版)中对"重点"的释义是"同类事物中重要的或主要的部分"。一个研究领域的研究重点通常是指该领域中研究人员普遍高度关注的研究内容,而一个研究内容要引起领域内的普遍关注则需要一定时期的积累,换言之,研究重点的凸显更加强调历史的累积性。"热点"是某时期引人注目的地方或问题,领域的研究热点则是指某个时期引起领域内研究人员重点关注的研究内容,强调的是其阶段性。"前沿"是科学研究中最新或领先的领域,一个领域的研究前沿是指该领域中最新的研究内容,突出的是新趋势和突现性。虽然3个概念所指各有其较为显著的特点,但在很多情况下它们之间的关系又错综复杂,交叉重叠甚至相互转化。一个领域的研究前沿可以转化为研究热点进而成为研究的重点,研究重点中也可能生发出新的研究热点和前沿,在某些情况下三者之间可能会存在重合。此外,3个概念都是历时性的动态概念,即不同时期某领域的研究重点、热点和前沿会产生流变,研究重点相对热点前沿来说,总体上具有相对的稳定性。在科学计量学和社会网络分析中,研究重点通常以高频词或高点度中心性的词表征,研究前沿以新现词或突现率较高的词来体现,研究热点则多以高中心性的词汇代表,因为研究主题的结合部是新知识生发最为活跃的区域。前面我们利用词频分析方法从静态和动态2个维度,探讨了国内体力活动研究的重点内容及其演变趋势(当然动态词频分析中也可对领域的研究热点和前沿有所体现)。但这些分析由于缺乏对词间关系的揭示,所得结论多为利用专业知识进行逻辑推断的结果,说服力在一定程度上尚显不足。因此,本小节我们运用共词分析方法,通过构建共词网络图谱,以词间关系为依据,重点对国内体力活动研究领域不同时段研究的热点前沿进行分析探讨。

1. 国内体力活动研究的热点前沿分析(1958—2000年)

1958—2000年时段国内体力活动研究共有相关文献89篇,具有实际意义的非重复标题词14个,出现总频次65次,词均出现4.64次。出现频次较高的词汇有体力活动(49次)、老年人(2次)、活动量(2次)、适应(2次)、体力运动(1次)、冠心病(1次)、摄入量(1次)等几个,其中体力活动共出现49次高居榜首,和其他关键词出现总频次形成巨大差距。我们就以这几个相对高频的标题词为元素,构建了共词网络图谱(图7-6)。

该网络共有节点14个,连线20条,网络密度为0.22(相对较高),无孤立节点存在,说明国内体力活动研究领域在时间跨度长达43年,发文量仅有89篇且多为间断性发文的情况下,其词间联系仍较为密切,14个相对高频的标题词分布于1个聚类中,表明研究内容具有较

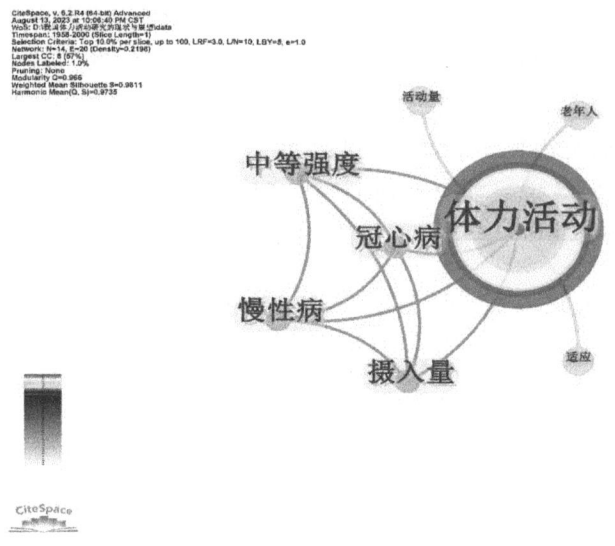

图 7-6　国内体力活动研究关键词共现图谱(1958—2000 年)

高的集中度。网络中节点只有体力活动有中介中心性,中心性值为 0.38,其他的节点中介中心性都为 0;进行关键词突显分析显示没有突显关键词,说明国内体力活动研究领域起步初期的研究重点和热点高度重合,尚无所谓的研究前沿显现。从图中词间连线可知,体力活动与冠心病、中等强度、慢性病和摄入量的共现强度较高,关系较为亲近,表明体力活动强度对预防治疗和治疗后康复相关问题是该时段最重要的研究主题。被引频次最高的文献是北京大学第三医院陈吉棣博士 1999 年发表在中国运动医学杂志上的《体力活动、膳食营养与慢性病》一文,作者认为合理地进行体力活动和膳食营养对预防慢性病具有重要问题,并对体力活动、膳食营养和慢性病有关的几个重要问题做出了简要介绍,包括食量、体力活动与能量平衡,体力活动、营养和心血管病,体力活动、营养和糖尿病,体力活动、营养与骨质疏松等,并根据我国国民体质现状做出了一些体力活动建议,如每日要进行不少于 30 分钟的体力活动训练和进行合理的膳食营养,从而预防慢性疾病的发生。被引频次处第二位的文献是河北省人民医院神经病学黄明威博士 1997 年发表在中国运动医学杂志上的《体力活动和大众健康》,研究发现进行体力活动锻炼可以更好地提高人民体质,并对几种慢性疾病有治疗和预防作用,同时也显示低水平的体力活动和低水平的身体素质与各种疾病的死亡率增高有关。此外,作者介绍了影响人们参加体力活动锻炼的决定因素主要有实践、生活习惯和朋友等,推荐人们体力活动方案以更好地指导和促使人们进行体力活动。被引频次名列第三位的是河北省疾病预防控制中心预防医学与卫生学李建国博士 1991 年公开发表在高原医学杂志上的《高原体力活动时心率与耗氧量、能量代谢率的关系——高原体力劳动强度及其卫生限度探讨》,该文利用实验法对在高原地区进行体力活动时心率与耗氧量、能量代谢率的关系进行了分析,研究发现在高海拔地区进行同样负荷强度锻炼时,心率会随海拔增高而增加。因此,作者建议高原地区不同海拔劳动强度应有不同等级划分。

此后大量研究对体力活动预防慢性疾病和改善老年人体质的问题进行了研究,为后期体力活动对老年人的健康作用的研究奠定基础。这些研究成果在一定程度上表明,国内体力活

第7章 我国体力活动研究的现状与展望

动研究的肇始阶段是将体力活动对与预防和改善人民体质的一种辅助手段而提出的,研究的重点定位于通过体力活动锻炼促进人们相关器官功能的恢复和提高方面,充满了浓厚的人文情怀,揭示满足社会需求是国内体力活动研究发展的重要驱动力之一。

2. 国内体力活动研究的热点前沿分析(2001—2010年)

2001—2010年时段国外力量训练研究共有相关文献201篇,具有实际意义的非重复标题词256个,出现总频次588次,词均出现2.3次。出现频次较高的词汇有体力活动(142次)、大学生(11次)、慢性病(9次)、骨密度(8次)、危险因素(8次)、能量消耗(8次)等12个,以这些相对高频的标题词为元素,并将10年划分为5个2年等长的时间片段,构建了共词网络图谱(图7-7)。

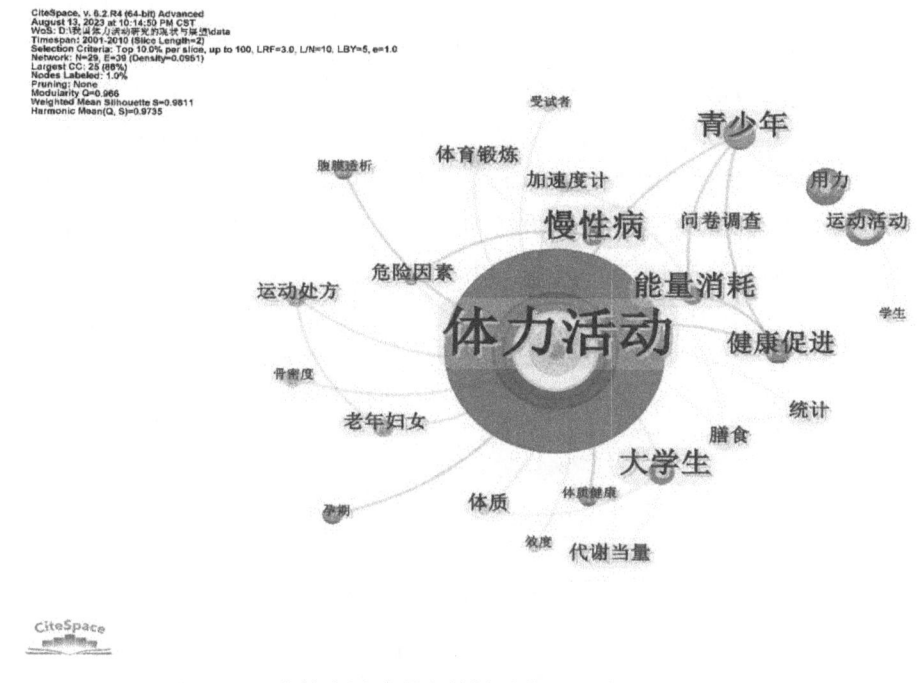

图7-7 国内体力活动研究关键词共现图谱(2001—2010年)

网络中共有节点29个,连线39条,网络密度为0.096(仍相对较高),同样无孤立节点存在,说明该时段的国内体力活动研究内容仍相对集中。网络中节点的中介中心性具有较大的差异,中心性较高的节点是体力活动(1.3)、青少年(0.33)和用力(0.23),同时体力活动也是出现频次最高的关键词,而出现总频次第二的大学生,中介中心性却只有0.01,排名第六位。说明此阶段的研究是围绕体力活动和青少年这个中心而展开的。相对于第一阶段,本阶段的研究内容逐渐丰富,从单一对体力活动对预防慢性疾病和病后康复的研究,研究者们认识到了青少年体力活动锻炼的积极影响。进行关键词突显分析发现突现率较高的节点有高原和骨密度,系数值分别为2.80和2.55,与其共现强度最大的词是体力活动和耗氧量,该研究方向是该时段的一个较为突出的前沿论题。被引频次最高的文献是北京大学第三医院运动医学研究所屈宁宁2004年发表在中国流行病学杂志上的《国际体力活动问卷中文版的信度和效度研究》,该文为国内体力活动水平测量提供了工具,可以有效、便捷、快速地评价人群体力活动水平,为我国以后的体力活动数据收集研究奠定发展基础。邹志春等(2010)针对青少年体质水平下降与青少年肥胖发生率不断攀升的问题,对青少年体力活动与心血管疾病发生风险之关系进行探析,发现青少年体质下降是心血管疾病危险因素"丛集"的重要因素,体力活动干预是提高青少年体质的重要途径,此后对体力活动预防慢性疾病和提高青少年体质的问题进行了大量研究,为后期体力活动对老年人的健康作用、促进青少年身心健康发展的研究奠定基础。

3. 国外力量训练研究的热点前沿分析(2011—2022年)

2011—2022年时段国内体力活动研究领域有1133篇文献标有关键词,共有非重复关键词1149个,出现总频次3749次,词均出现3.23次。出现频次大于等于20次的关键词有体力活动、青少年、运动活动、建成环境、儿童、影响因素、老年人、大学生、学生、肥胖、能量消耗、健康等19个,表明此时段国内体力活动研究仍是围绕着体力活动对于改善和提高青少年身体素质的作用而展开的,并增加了建成环境对于人们参加体力活动锻炼的影响因素分析。由于该时段的文献总量、关键词总量和高频词数量均较上一时段有了较大增长,且每年都有相当规模的发文量,为更细致地揭示国内体力活动研究在这12年中的发展状况,将该时段划分成了6个2年等长的时间片段,选取各片段中出现频次居前5%位的关键词作为构图元素,构建了关键词共词网络图谱(图7-8)。

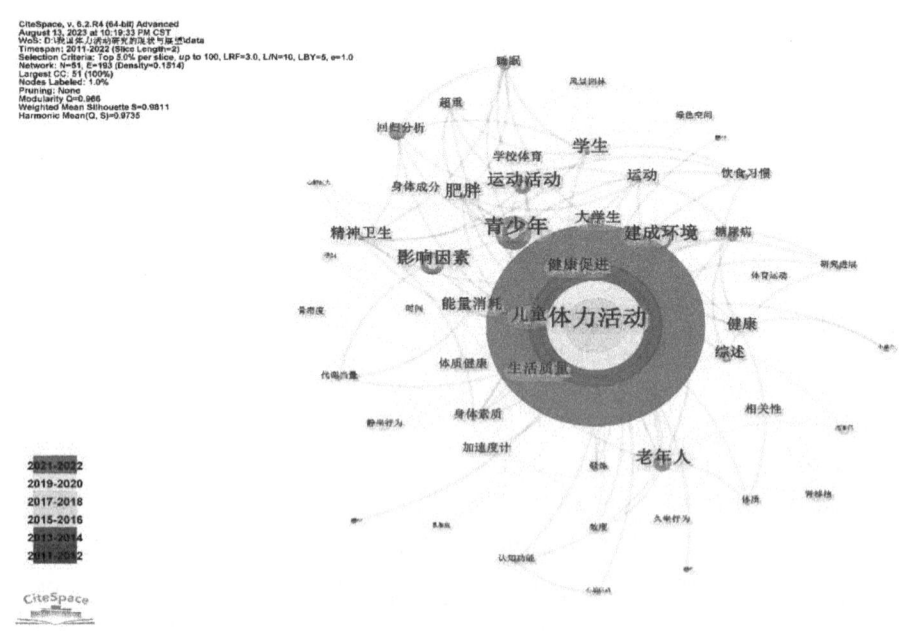

图7-8　国内体力活动研究关键词共现图谱(2011—2022年)

网络中共有节点51个,连线193条,网络密度为0.151 4(相对较高),同样无孤立节点存在,说明该时段的国内体力活动研究内容仍相对集中。网络较为稀疏,且存在9个孤岛型节点,说明该时段的国外力量训练研究内容在相对集中的同时出现了较为显著的分化现象。网

第 7 章 我国体力活动研究的现状与展望

络中节点的中介中心性差异较大,中心性较高的节点是体力活动(1.2)、青少年(0.15)、学生(0.07)、儿童(0.06)、肥胖(0.06)、影响因素(0.05)、老年人(0.05)、生活质量(0.05)、运动活动(0.04)、综述(0.03)和健康促进(0.03)等。它们出现的频次也较高,说明此阶段的研究主要是围绕参与体力活动对青少年和学生身体素质的影响进行的。相对于前两个阶段,该阶段对于体力活动对老年人身体的促进作用和对慢性病的预防治疗作用的研究,以及对青少年、大学生的身体状况的研究更加全面且系统。此外对关键词出现总频次进行深入分析发现位于关键词出现总频次第三位的建成环境(70),中介中心性却较低,这说明本阶段已有一部分学者对建成环境对人们参与体力活动的影响进行了研究,然后并没有形成明确中心态势。对关键词进行突现分析发现突现率较高的节点按出现年限进行排序依次是能量消耗、健康、代谢当量、加速度计、效度、心肺耐力、体质健康、健康促进、风景园林和静坐行为 10 个关键词,系数值分别为 6.33、4.82、3.74、5.4、3.68、2.87、2.6、3.76、2.67 和 2.67,它们所代表的研究内容,是该时段国内体力活动研究的前沿。经聚类分析发现,51 个相对高频关键词被划分为 3 个聚类,整个研究领域中比较重要的研究领域分别概括为体力活动与建成环境、儿童青少年与体力活动、体力活动与慢性病。

聚类 1:体力活动与建成环境

人们参与体力活动受多方面因素的影响,主要有参与者自身因素和目的地可达性因素以及建成环境因素 3 个方面,而建成环境因素是制约人们体力活动的重要因素,近些年来国内的研究一直集中在社区建成环境与体力活动的研究上,并且以对影响因素的研究为重点。张延吉等(2019)对城市建成环境对居民体力活动的影响进行了研究,研究发现低密度土地利用与体力活动时长呈正相关联、体力活动目的地对不同人却具有差异化影响等。王兰等(2020)基于中国知网和 Web of Science 等文献数据库对建成环境对体力活动的影响进行了系统综述,将影响体力活动的建成环境因素分为二维空间要素和三维空间要素,二维空间要素主要是密度、多样性和可达性;三维空间要素强调人的空间感知,比基于距离的二维空间要素更为复杂。同时,应针对三维空间要素进行深化研究。此外,已有大量研究表明,建成环境对人群体力活动具有重要影响,合理的建成环境对人们进行体力活动有重要促进作用,同时空气环境也是建成环境的组成部分影响人们体力活动。然而我国体力活动与建成环境的研究还处于起步阶段,大多为相关性研究,干预性研究还没有开始。

聚类 2:儿童青少年与体力活动

近些年来,儿童青少年肥胖、超重率和近视率逐年攀升,部分体质指标的下降趋势虽然得到遏制,但儿童体质健康问题依旧严峻。造成儿童体质健康问题的一个重要因素就是体力活动不足。国内外研究均已证实,当前儿童青少年体力活动量严重不足,大部分儿童青少年的体力活动量不能达到世界卫生组织(World Health Organization,WHO)提出的每天累计 60 分钟的中高强度体力活动量。聚类 2 是国内体力活动研究中至关重要的一个聚类,根据聚类标签词和文献内容,该聚类是关于儿童青少年与体力活动领域的研究。李淑媛(2015)从自然环境、社会环境、个体及社会支持等方面对儿童青少年体力活动的影响因素进行了分析探讨。吴慧攀等(2022)依照中国行政区域划分的六大行政区对中国儿童青少年体力活动的年龄、性别和地区差异进行了分析,发现我国儿童青少年体力活动性别间具有明显差异、在年龄特征方面儿童青少年 MVPA 不足检出率出现先下降后上升的趋势,其中我国华东地区儿童青少年体力活动锻炼时间最少,华南地区最多。此外,马渊源(2022)对儿童青少年体力活动与身心健康的关系进行了研究,分析了体力活动对儿童青少年健康体适能、认识和心理健康的积极影响,发现相关健康效应存在显著的体力活动类型、强度和时间差异等;关于体力活动对儿童青少年认识与心理健康的影响的相关研究,主要集中在体力活动对儿童青少年的认识改善、自尊提升、抑郁和焦虑减缓等方面。本聚类的研究为体力活动对儿童青少年的身体健康发展以及心理健康的研究奠定了基础,之后可进一步从体力活动的强度、频率、方式等方面探讨体力活动与身心健康之间的关系。

聚类 3:体力活动与慢性病

该主题与前几个时段中的体力活动与慢性病研究问题一脉相承,反映了国内体力活动研究人员对此类人群的持续关注,在本时段中仍吸引了一批科研人员从事相关研究。我国对于体力活动与慢性病的研究主要可以分为两个方面:一方面是体力活动与身体疾病的研究。黄启超等(2017)针对不同体力活动水平对老年人身体健康的影响进行了系统综述,发现中等强度的体力活动可以极大改善老年人的心理状态以及生存状况。同时,建议老年人根据自身的体力情况、锻炼目的、兴趣,选择适合自己的体力活动项目,从易到难,持之以恒。马冠等(2022)采用问卷调查法对我国 60~69 岁老年人不同体力活动水平对心肺功能的影响,研究发现体力活动水平越高越有利于维持心肺功能健康,同时我国大部分老年人体力活动水平保持在中等强度。刘聪等(2019)针对体力活动对老年人疾病预防和病后康复以及影响老年人体力活动的因素进行了系统综述,发现不管是体力活动对疾病预防还是病后康复都有积极的促进作用。而影响老年人体力活动的主要因素可以分为人口学特征影响因素和环境影响因素两个方面。另一方面是体力活动与心理健康的研究。刘聪等(2019)对体力活动对老年人心理健康的影响进行了总结,发现我国许多学者认为体力活动可以促进老年人心理健康的发展,郑樊慧通过随机对照试验发现不论性别、人种或年龄,定期的体力活动有利于减轻抑郁症状。李星辉等(2022)对上海市闵行区社区老年人抑郁与体力活动的关系,研究显示,体力活动与老年人抑郁呈负相关关系。因此,可以考虑针对老年人的日常生活方式设置促进不同形式的体力活动类型,以降低老年人发生抑郁的风险。此外,在前几个时段中尚存悬疑的研究结果,本时段似乎有了更为明确的结论。例如,体力活动究竟能不能预防身体疾病、体力活动对患者病后康复有没有作用以及体力活动对老年人心理健康的影响等,该研究领域对此类问题给予了肯定的回答。

7.5 我国体力活动研究的展望

正如上文所述,体力活动不足已是当前全球性公共健康问题,在快速发展中的中国,在各个人群中均面临着巨大挑战。例如,WHO 对于儿童每天体力活动的推荐量为 60 分钟以上的 MVPA,但我国城市儿童中仅 5.6% 能够达到此标准,体力活动不足是学龄儿童超重肥胖的危险因素之一;孕期体力活动直接影响母婴身心健康,但目前也仅 36.57% 的孕妇能够达到 WHO 的推荐标准。体力活动研究目前已经成为了我国体育、公共卫生、医学社会科学等跨学科研究的一个重要领域,特别是 2016 年《"健康中国 2030"规划纲要》专设两章论述体育之后,相关领域的专家更是聚焦于体力活动研究。总体来看,未来我国体力活动研究的热点前沿领域包括以下几个方面。

一是不同人群体力活动的调查监测与发展趋势。客观全面的现状调查是政策制定的重要依据,我国国民体质监测自 2010 年首次将身体活动维度纳入问卷之后,2014 年、2020 年第四次、第五次国民体质监测中均对城乡居民身体活动四维度(交通出行、工作时间、家务劳动和闲暇时间)进行了调查,以总结其身体活动特征与规律,病人、儿童、肥胖人群、孕妇、哺乳期妇女和老年人等不同人群的体力运动现状与发展趋势,值得我们关注。另外,研究体力活动的首要内容是寻找客观、精确、重复性高的体力活动测量方法,除了传统的双标水法、间接热量测定法、体力活动问卷、心率表、运动传感器等体力活动测量方法外,更加便捷、科学、准确的体力活动的测量与评价方法也将是该领域的下一步重点研究内容。

二是儿童青少年体力活动行为预测与干预研究。从 20 世纪 90 年代开始,国家就以法律的形式保证青少年学生每天在校期间的体育活动,颁布了《体育法》以及学校体育工作条例和卫生工作条例等,《国家学生体质健康标准》也于 2002 年正式颁布实施,但这些政策和措施的效果仍然有限。青少年体质健康状况依然面临严峻挑战,体质合格率下降、超重肥胖发生率增加以及近视比例居高不下,交通便利发达和电子产品盛行,进一步导致青少年体力活动水平越来越低。科学指导青少年进行规律运动已经成为当前迫切需要解决的问题,亟待相关部门尽快组织制定多部门、多学科、具有可操作性的体力活动指南。2018 年 1 月,国内首部《中国儿童青少年身体活动指南》也正式发布,但目前的实施与推广的可持续性仍亟待完善。因此,儿童青少年体力活动促进仍然是目前和今后相当长一段时期里公共健康领域研究的重要课题。未来研究中,需在充分开展青少年体力活动描述性研究和解释性研究的基础上,结合心理学、社会学、管理学等不同层面理论研究青少年体力活动行为机理和促进机制,着力开发体力活动促进项目,并通过有效地实施提高青少年体力活动水平,改善青少年体质和健康状况。

三是体力活动与建成环境研究。基于人类活动与城市环境这样一个相互作用的整体,体力活动相关建成环境的研究逐渐受到公共健康领域的关注,这有利于促进身体活动的土地使用、交通规划和城市设计组成等宏观环境层面的研究,也是跨学科体力活动研究的重点。未来的研究将更多地应用健康地理学、人文地理学、城市规划等学科的理论、知识与技术,将地理因素、城市规划因素、人文环境因素等纳入研究框架中,深入探究不同建成环境因素对体力活动的影响机制,以及挖掘建成环境对能量的摄入端和输出端的影响机制等。同时,由于我国建成环境与体力活动研究的时间并不长,大多研究属于横断面调查,后续研究可建立建成环境与健康数据库,为纵向研究做基础,更准确地论证建成环境与不同人群身体健康的关系。另外,更多的技术手段将得到广泛应用,特别是在 GIS 测量建成环境的基础上,结合网络地图(街景地图、卫星地图等)、城市遥感等,使研究者能同时抓取建成环境的"量"与"质",提高研究的可靠性和有效性;在采用 GPS 和三维加速度计等测量仪器测量体力活动的基础上,结合自主地理信息技术(VGI)等技术手段,可准确获得活动的类型、轨迹、持续时间等数据,挖掘出更大的价值。

四是体力活动、运动与慢病干预研究。预期寿命在近200年来持续上升,但是随着经济社会的发展,呼吸道疾病、肥胖、癌症、心血管疾病、糖尿病和中风等各种慢性疾病发病率却在上升,影响了未来预期寿命。目前的研究表明,体力活动和运动作为初级保健手段融入人的生活方式中,能够较好地降低慢性疾病和死亡风险,或者如果确诊慢性疾病,将体力活动和运动作为疾病管理的一部分,也将取得更好的治疗效果。当前我国慢性非传染性疾病率不断攀升、低龄化趋势显著,提高身体活动水平能够使全因死亡风险降低40%,超越了任何药物所及的疗效(方慧,2018)。目前,慢性病的预防、康复与治疗以及其他日常体力活动和运动的健康益处在被不断地研究,体力活动与健康之间的关系,如体力活动与肥胖、身体机能和非传染慢性疾病的关系,体力活动与身体康复治疗的关系,体力活动与工作生活状况的关系,将持续吸引科技工作者。其中,运动处方的研究将进一步地拓展与深化,特别是在健康中国战略的背景下,借鉴国外运动处方研究的成果,构建起我国的运动处方库,构建起运动处方内容系统、处方师系统、应用系统,通过对慢性疾病、疾病风险、发展障碍等人群运动处方的制定和推广路径的选择,使我国运动处方向着科学、严谨、规范的方向深入推进,使我国的运动处方更具有科学性、有效性、针对性,更适合中国人的体质特点,为增强国民体质、促进国民健康,为实现健康中国的战略目标做出贡献。

五是体力活动行为促进、干预与指导研究。体力活动属于人的行为,在体力活动的4个部分中(职业劳动、交通活动、闲暇活动、家务劳动),闲暇时间的体力活动是最活跃的变量,特别是其中的体育锻炼行为是调控个人体力活动的主要因素。对于体力活动的研究最初都是从行为学的角度进行的,当前主要从健康信念理论、合理行为理论和计划行为理论、自我效能理论、阶段变化模式理论、行为变化跨理论模型等方面进行了讨论。但影响大众参加体力活动的因素异常复杂,如经济素、政策素、认识与方法、习惯、居住设施、电子产品的强吸引力等因素交织,是导致当前参加体力活动不足的重要原因,在未来的研究中借鉴心理学和锻炼心理学理论来解释、预测、干预体力活动行为也尤为迫切,需结合学校、家庭、社区等渠道,从个体、人际、组织、社区、政策等层面设计干预策略,注重横向与纵向、定量与定性的结合,借助跨情境体力活动行为预测模型,有效提大众的体力活动水平。

需要特别说明的是,体力活动研究已经发展成为一个庞大的跨学科研究领域,在公共健康、体育等学科将会得到更多的重视与关注,研究主题也会随着社会经济的发展,特别是技术手段的不断更迭,而不断向纵深推进。以上5个方面也仅是从宏观的角度进行了初步的总结,本研究后续也将持续关注体力活动研究的新进展,通过科学计量与知识图谱的方式,继续为科技工作者服务。

主要参考文献

安秀芬,2002.期刊工作文献计量学学术论文的关键词分析[J].中国科技期刊研究,13(6):505-506.

戴剑松,孙飙,2005.体力活动测量方法综述[J].体育科学(9):69-75.

单美辰,周楠,2021.中国儿童体力活动研究进展[J].中国学校卫生,42(8):1275-1280.

丁学东,1993.文献计量学基础[M].北京:北京大学出版社.

方慧,2018.体力活动研究的热点与走向:学术论坛综述[J].体育与科学,39(4):8-14.

方勇,1998.科学计量学的发展及其局限[J].自然辩证法研究,141(1):34-38.

郭志光,2018.国内外篮球研究知识网络的结构及演化特征[D].北京:北京体育大学.

侯海燕,2006.基于知识图谱的科学计量学进展研究[D].大连:大连理工大学.

侯海燕,陈超美,刘则渊,等,2010.知识计量学的交叉学科属性研究[J].科学学研究,28(3):328-332+350.

侯剑华,张春博,王续琨,2008.国际科学技术政策关键节点文献演进的可视化分析[J].科学学与科学技术管理,29(11):10-14.

蒋国华,1997.科学计量学和情报计量学:今天和明天(待续)[J].科学学和科技管理,18(7):26-29.

蒋国华,1997.科学计量学和情报计量学:今天和明天(续二)[J].科学学和科技管理,18(9):31-35.

李洪远,杜志博,2018.基于CitespaceV的城市生态修复研究的可视化分析[J].安全与环境学报,18(3):1209-1214.

李文兰,杨祖国,2005.中国情报学期刊论文关键词词频分析[J].情报科学,23(1):68-70.

卢友敏,李金芝,2021.孕妇体力活动现状及影响因素研究进展[J].护理学杂志,36(9):110-113.

马大川,马越,2006.知识地图技术的发展趋势及评价研究[J].情报科学,24(8):1121-1124.

马费成,张勤,2006.国内外知识管理研究热点:基于词频的统计分析[J].情报学报,25(2):163-171.

马妍春,黄可心,1999.科技论文摘要、关键词及参考文献的规范化[J].情报科学,17(6):625-627.

邱均平,2001.文献信息引证规律和引文分析法[J].情报理论与实践,4(3):236-240.

邱均平,2007.信息计量学[M].武汉:武汉大学出版社.

邱均平,瞿辉,2011.我国科研机构合作网络知识扩散研究:以"生物多样性"研究为例[J].图书情报知识(6):5-11.

邱均平,杨思洛,王明芝,2009.改革开放30年来我国情报学研究的回顾与展望(二):情报学研究论文的作者分析[J].图书情报研究,2(2):8-13.

宋艳秋,张夏沁,2012.国际图书馆服务领域研究力量分布的知识图谱分析[J].科技创业月刊(8):128-129.

肖冬平,刘淑银,2010.知识网络中节点的结构位置及其测度:基于社会网络的分析[J].图书情报工作,54(10):126-129.

张红岩,2012.我国台湾地区图书资讯学期刊论文实证分析[J].图书馆建设(8):84-86.

张秀萍,王振,2017.社会网络在创新领域应用研究的知识图谱:基于Citespace的可视化分析[J].经济管理,39(10):192-208.

赵丙军,2013.国外力量训练研究知识网络的结构及演化特征[D].上海:上海体育学院.

赵红州,1984.科学能力学引论[M].北京:科学出版社.

赵红州,蒋国华,1984.普赖斯与科学计量学[J].科学学与科学技术管理(9):9-10.

赵君,廖建桥,2013.科研合作研究综述[J].科学管理研究,31(2):117-120.

朱小烽,王茹,杨钦,等,2017.不同强度急性有氧运动对肥胖小鼠PGC-1α及其下游因子的调控影响[J].体育科学,37(3):44-50.

AINSWORTH B E, HASKELL W L, LEON A S, et al., 1993. Compendium of physical activities: classification of energy costs of human physical activities[J]. Medicine and Science in Sports and Exercise, 25(1):71-80.

ALBANES D A, CONWAY J M, TAYLOR P R, et al., 1990. Validation and comparison of eight physical activity questionnaires[J]. Epidemiology, 1(1):65-71.

ALLISON D B, FONTAINE K R, MANSON J E, 1999. Annual deaths attributable to obesity in the United Kingdom[J]. The Journal of American Medical Association, (282):1530-1538.

BAELE G, BOGAERTS H, CLEMENT D L, et al., 1981. Platelet activation during treadmill exercise in patients with chronic peripheral arterial disease[J]. Thrombosis Research, 23(3):215-223.

BALLARD-BARBASH R, FRIEDENREICH C M, COURNEYA K S, et al., 2012. Physical activity, biomarkers, and disease outcomes in cancer survivors: a systematic review[J]. Journal of the National Cancer Institute, 104(11):815-840.

BANDINI L G, SCHOELLER D A, DIETZ W H, 1990. Energy expenditure in obese and nonobese adolescents[J]. Pediatric Research, 27(2):198-202.

BECKER-ZIMMERMANN K, BERGER M, BERCHTOLD P, et al., 1982. Treadmill training improves intravenous glucose tolerance and insulin sensitivity in fatty Zucker rats[J]. Diabetologia, 22(3):468-474.

BERGER M, CÜPPERS H J, HEGNER H, et al., 1982. Absorption kinetics and biologic effects of subcutaneously injected insulin preparations[J]. Diabetes Care, 5(2):77-91.

主要参考文献

BERGER M, KEMMER F W, BECKER K, et al., 1979. Effect of physical training on glucose tolerance and on glucose metabolism of skeletal muscle in anaesthetized normal rats [J]. Diabetologia, 16(4): 179-184.

BERNSTEIN L, HENDERSON B E, HANISCH R, et al., 1994. Physical exercise and reduced risk of breast cancer in young women [J]. Journal of the National Cancer Institute, 86(18): 1403-1408.

BISWAS A, OH P I, FAULKNER G E, et al., 2015. Sedentary time and its association with risk for disease incidence, mortality, and hospitalization in adults: a systematic review and meta-analysis [J]. Annals of Internal Medicine, 162(2): 123-132.

BLAIR S N, DOWDA M, PATE R R, et al. 1991. Reliability of long-term recall of participation in physical activity by middle-aged men and women [J] American Journal of Epidemiology, 133(3): 266-275.

BLOCK G, 1982. A review of validations of dietary assessment methods [J]. American Journal of Epidemiology, 115(4): 492-505.

BLUMENTHAL J A, WILLIAMS S R, WILLIAMS J R B, et al., 1980. Effects of exercise on the type A (coronary prone) behavior pattern 1 [J]. Psychosomatic Medicine, 42(2): 289-296.

BONJOUR J P, THEINTZ G, BUCHS B, et al., 1991. Critical years and stages of puberty for spinal and femoral bone mass accumulation during adolescence [J]. The Journal of Clinical Endocrinology & Metabolism, 73(3): 555-563.

BOYACK K W, KLAVANS R, BÖRNER K, 2005. Mapping the backbone of science [J]. Scientometrics, 64(3): 351-374.

BROWNSON R C, HOEHNER C M, DAY K, et al., 2009. Measuring the built environment for physical activity: state of the science [J]. American Journal of Preventive Medicine, 36(4): 99-123.

BURGHUBER O, SINZINGER H, SILBERBAUER K, et al., 1981. Decreased prostacyclin sensitivity of human platelets after jogging and squash [J]. Prostaglandins and Medicine, 6(2): 127-130.

BÜRGI F, MEYER U, GRANACHER U, et al., 2011. Relationship of physical activity with motor skills, aerobic fitness and body fat in preschool children: a cross-sectional and longitudinal study (Ballabeina) [J]. International Journal of Obesity, 35(7): 937-944.

CADMUS-BERTRAM L A, MARCUS B H, PATTERSON R E, et al., 2015. Randomized trial of a Fitbit-based physical activity intervention for women [J]. American Journal of Preventive Medicine, 49(3): 414-418.

CANN C E, MARTIN M C, GENANT H K, et al., 1984. Decreased spinal mineral content in amenorrheic women [J]. Jama, 251(5): 626-629.

CARSON V, HUNTER S, KUZIK N, et al., 2016. Systematic review of sedentary behaviour and health indicators in school-aged children and youth: an update [J]. Applied Physiology, Nutrition, and Metabolism, 41(6): 240-265.

CHAN C B, RYAN D A J, TUDOR-LOCKE C, 2004. Health benefits of a pedometer-based physical activity intervention in sedentary workers[J]. Preventive Medicine, 39(6):1215-1222.

CHEN C, 2004. Searching for intellectual turning points: progressive knowledge domain visualization[J]. Proceedings of the National Academy of Sciences, 101(S1):5303-5310.

CHEN C, 2006. Citespace Ⅱ: detecting and visualizing emerging trends and transient patterns in scientific literature[J]. Journal of the American Society for information Science and Technology, 57(3):359-377.

CHEN C, HU Z, LIU S, 2012. Emerging trends in regenerative medicine: a scientometric analysis in Citespace[J]. Expert Opinion on Biological Therapy, 12(5):593-608.

CHEN C, KATHERINE M C, HOWARD W, 2002. Mapping, Scienteomtrics[J]. ASIST (29):25-34.

COBB L A, WEAVER W D, 1986. Exercise: a risk for sudden death in patients with coronary heart disease[J]. Journal of the American College of Cardiology, 7(1):215-219.

COX M, SHEPHARD R J, COREY P, 1981. Influence of an employee fitness programme upon fitness, productivity and absenteeism[J]. Ergonomics, 24(10):795-806.

CRESPO C J, KETEYIAN S J, HEATH G W, et al., 1996. Leisure-time physical activity among US adults: results from the Third National Health and Nutrition Examination Survey[J]. Archives of Internal Medicine, 156(1):93-98.

DAVIES M J, THOMAS A, 1984. Thrombosis and acute coronary-artery lesions in sudden cardiac ischemic death[J]. New England Journal of Medicine, 310(18):1137-1140.

DAVISON K K, LAWSON C T, 2006. Do attributes in the physical environment influence children's physical activity? A review of the literature[J]. International journal of behavioral nutrition and physical activity, 3(1):1-17.

DE VERDIER M G, STEINECK G, HAGMAN U, et al., 1990. Physical activity and colon cancer: a case-referent study in Stockholm[J]. International Journal of Cancer, 46(6):985-989.

DIABETES PREVENTION PROGRAM RESEARCH GROUP, 2002. Reduction in the incidence of type 2 diabetes with lifestyle intervention or metformin[J]. New England Journal of Medicine, 346(6):393-403.

DISHMAN R K, 1991. Increasing and maintaining exercise and physical activity[J]. Behavior Therapy, 22(3):345-378.

DONAHUE R P, ABBOTT R D, REED D M, et al., 1988. Physical activity and coronary heart disease in middle-aged and elderly men: the Honolulu Heart Program[J]. American Journal of Public Health, 78(6):683-685.

DOWSE G K, ZIMMET P Z, GAREEBOO H, et al., 1991. Abdominal obesity and physical inactivity as risk factors for NIDDM and impaired glucose tolerance in Indian, Creole, and Chinese Mauritians[J]. Diabetes Care, 14(4):271-282.

EGGHE L, 1994. Little scientometrics, Big scientometrics and beyond[J]. Scientometrics,

30(2-3):392.

EKELUND L G,HASKELL W L,JOHNSON J L,et al.,1988. Physical fitness as a predictor of cardiovascular mortality in asymptomatic North American men[J]. New England Journal of Medicine,319(21):1379-1384.

EKELUND U,STEENE-JOHANNESSEN J,BROWN W J,et al.,2016. Does physical activity attenuate, or even eliminate, the detrimental association of sitting time with mortality? A harmonised meta-analysis of data from more than 1 million men and women [J]. The Lancet,388(10051):1302-1310.

ENGER S C,HERBJØRNSEN K,ERIKSSEN J,et al.,1977. High density lipoproteins (HDL) and physical activity: the influence of physical exercise, age and smoking on HDL-cholesterol and the HDL-/total cholesterol ratio[J]. Scandinavian Journal of Clinical and Laboratory Investigation,37(3):251-255.

EPSTEIN S E, MARON B J, 1986. Sudden death and the competitive athlete: perspectives on preparticipation screening studies[J]. Journal of the American College of Cardiology,7(1):220-230.

EUGENE G,1990. Keywords plus: ISI's breakthrough retrieval method[J]. Current Contents(32):3-7.

EVENSON K R,CATELLIER D J,GILL K,et al.,2008. Calibration of two objective measures of physical activity for children[J]. Journal of Sports Sciences,26(14):1557-1565.

EVENSON K R,WEN F,METZGER J S,et al.,2015. Physical activity and sedentary behavior patterns using accelerometry from a national sample of United States adults[J]. International Journal of Behavioral Nutrition and Physical Activity,12(1):1-13.

FINKELSTEIN E A, TROGDON J G, COHEN W, et al., 2009. Annual medical spending attributable to obesity: payer and service-specific estimate[J]. Health Affair (Millwood)(28):822-831.

FRANK L D,SCHMID T L,SALLIS J F,et al.,2005. Linking objectively measured physical activity with objectively measured urban form: findings from SMARTRAQ[J]. American Journal of Preventive Medicine,28(2):117-125.

FREEDSON P, POBER D, JANZ K F, 2005. Calibration of accelerometer output for children[J]. Medicine & Science in Sports & Exercise,37(11):523-530.

FRIEDENREICH C M,ROHAN T E,1995. Physical activity and risk of breast cancer [J]. European Journal of Cancer Prevention,4(2):145-152.

FURLANELLO F, BETTINI R, COZZI F, et al., 1984. Ventricular arrhythmias and sudden death in athletes[J]. Annals of the New York Academy of Sciences,427(1):253-279.

GORAN M I, POEHLMAN E T, 1992. Total energy expenditure and energy requirements in healthy elderly persons[J]. Metabolism,41(7):744-753.

GRIFFITH B C,2005. Derek Price (1922—1983) and the social studies of science[J]. Scientometrics(6):5-7.

HALLAL P C, ANDERSEN L B, BULL F C, et al., 2012. Global physical activity levels: surveillance progress, pitfalls, and prospects[J]. The Lancet, 380(9838): 247-257.

HOEHNER C M, RAMIREZ L K B, ELLIOTT M B, et al., 2005. Perceived and objective environmental measures and physical activity among urban adults[J]. American Journal of Preventive Medicine, 28(2): 105-116.

HOLMES M D, CHEN W Y, FESKANICH D, et al., 2005. Physical activity and survival after breast cancer diagnosis[J]. Jama, 293(20): 2479-2486.

HUMPEL N, OWEN N, LESLIE E, 2002. Environmental factors associated with adults participation in physical activity: a review[J]. American Journal of Preventive Medicine, 22(3): 188-199.

HUPIN D, ROCHE F, GREMEAUX V, et al., 2015. Even a low-dose of moderate-to-vigorous physical activity reduces mortality by 22% in adults aged≥60 years: a systematic review and meta-analysis[J]. British Journal of Sports Medicine, 49(19): 1262-1267.

JACKSON A S, POLLOCK M L, 1985. Practical assessment of body composition[J]. The Physician and Sportsmedicine, 13(5): 76-90.

JACOBS JR D R, AINSWORTH B E, HARTMAN T J, et al., 1993. A simultaneous evaluation of 10 commonly used physical activity questionnaires[J]. Medicine and Science in Sports and Exercise, 25(1): 81-91.

JANSSEN I, LEBLANC A G, 2010. Systematic review of the health benefits of physical activity and fitness in school-aged children and youth[J]. International Journal of Behavioral Nutrition and Physical Activity, 7(1): 1-16.

JASNOSKI M L, HOLMES D S, 1981. Influence of initial aerobic fitness, aerobic training and changes in aerobic fitness on personality functioning[J]. Journal of Psychosomatic Research, 25(6): 553-556.

JUNEAU C E, POTVIN L, 2010. Trends in leisure, transport, and work-related physical activity in Canada 1944—2005[J]. Prve Med, 51(5): 384-386.

KAHN E B, RAMSEY L T, BROWNSON R C, et al., 2002. The effectiveness of interventions to increase physical activity: a systematic review[J]. American Journal of Preventive Medicine, 22(4): 73-107.

KIMM S Y S, GLYNN N W, KRISKA A M, et al., 2002. Decline in physical activity in black girls and white girls during adolescence[J]. New England Journal of Medicine, 347(10): 709-715.

KING A C, HASKELL W L, TAYLOR C B, et al., 1991. Group-vs home-based exercise training in healthy older men and women: a community-based clinical trial[J]. The Journal of the American Medical Association, 266(11): 1535-1542.

KING A C, REJESKI W J, BUCHNER D M, 1998. Physical activity interventions targeting older adults: A critical review and recommendations[J]. American Journal of Preventive Medicine, 15(4): 316-333.

主要参考文献

KUSHI L H, DOYLE C, MCCULLOUGH M, et al., 2012. American cancer society guidelines on nutrition and physical activity for cancer prevention: reducing the risk of cancer with healthy food choices and physical activity[J]. A Cancer Journal for Clinicians, 62(1):30-67.

LEE I M, PAFFENBARGER J R S, HSIEH C, 1991. Physical activity and risk of developing colorectal cancer among college alumni[J]. Journal of the National Cancer Institute, 83(18):1324-1329.

LEE I M, SHIROMA E J, LOBELO F, et al., 2012. Effect of physical inactivity on major non-communicable diseases worldwide: an analysis of burden of disease and life expectancy[J]. The Lancet, 380(9838):219-229.

LEHTONEN A, VIIKARI J, 1978. The effect of vigorous physical activity at work on serum lipids with a special reference to serum high-density lipoprotein cholesterol[J]. Acta Physiologica Scandinavica, 104(1):117-121.

LEON A S, 1985. Physical activity levels and coronary heart disease: analysis of epidemiologic and supporting studies[J]. Medical Clinics of North America, 69(1):3-20.

LEVI F, PASCHE C, LUCCHINI F, et al., 1999. Occupational and leisure time physical activity and the risk of breast cancer[J]. European Journal of Cancer, 35(5):775-778.

LEWIS B A, MARCUS B H, PATE R R, et al., 2002. Psychosocial mediators of physical activity behavior among adults and children[J]. American Journal of Preventive Medicine, 23(2):26-35.

MANSON J A E, GREENLAND P, LACROIX A Z, et al., 2002. Walking compared with vigorous exercise for the prevention of cardiovascular events in women[J]. New England Journal of Medicine, 347(10):716-725.

MOYA-ANEGÓN F, VARGAS-QUESADA B, HERRERO-SOLANA V, et al., 2004. A new technique for building maps of large scientific domains based on the cocitation of classes and categories[J]. Scientometrics, 61(1):129-145.

NADER P R, BRADLEY R H, HOUTS R M, et al., 2008. Moderate-to-vigorous physical activity from ages 9 to 15 years[J]. The Journal of the American Medical Association, 300(3):295-305.

OTTE E, ROUSSEAU R, 2002. Social network analysis: A Powerful Strategy, also for the information sciences[J]. Journal of Information Science, (28)443-455.

OWEN N, HUMPEL N, LESLIE E, et al., 2004. Understanding environmental influences on walking: review and research agenda[J]. American Journal of Preventive Medicine, 27(1):67-76.

OWEN N, HEALY G N, MATTHEWS C E, et al., 2010. Too much sitting: the population health science of sedentary behaviour[J]. Exercise Sport, 38(3):105-113.

SCHMITZ K H, COURNEYA K S, MATTHEWS C, 2010. American college of sports medicine roundtable on exercise guidelines for cancer survivors[J]. Medicine & Science in Sports & Exercise, 42(3):1409-1426.

PATE R R,DOWDA M,ROSS J G,1990. Associations between physical activity and physical fitness in American children[J]. American Journal of Diseases of Children,144(10):1123-1129.

PATE R R,PRATT M,BLAIR S N,et al.,1995. Physical activity and public health:a recommendation from the Centers for Disease Control and Prevention and the American College of Sports Medicine[J]. Jama,273(5):402-407.

POCOCK N A,EISMAN J A,YEATES M G,et al.,1986. Physical fitness is a major determinant of femoral neck and lumbar spine bone mineral density[J]. The Journal of Clinical Investigation,78(3):618-621.

POEHLMAN E T,BERKE E M,JOSEPH J R,et al.,1992. Influence of aerobic capacity,body composition,and thyroid hormones on the age-related decline in resting metabolic rate[J]. Metabolism,41(8):915-921.

POITRAS V J,GRAY C E,BORGHESE M M,et al.,2016. Systematic review of the relationships between objectively measured physical activity and health indicators in school-aged children and youth[J]. Applied Physiology,Nutrition,and Metabolism,41(6):197-239.

PUKKALA E,POSKIPARTA M,Apter D,et al.,1994. Life-long physical activity and cancer risk among Finnish female teachers [J]. Rehabilitation Oncology,12(3):24-25.

PÉRUSSE L,TREMBLAY A,LEBLANC C,et al.,1989. Genetic and environmental influences on level of habitual physical activity and exercise participation[J]. American Journal of Epidemiology,129(5):1012-1022.

RECKER R R,DAVIES K M,HINDERS S M,et al.,1992. Bone gain in young adult women[J]. The Journal of the American Medical Association,268(17):2403-2408.

REILLY J J,PENPRAZE V,HISLOP J,et al.,2008. Objective measurement of physical activity and sedentary behaviour:review with new data[J]. Archives of Disease in Childhood,93(7):614-619.

RIDDOCH C J,MATTOCKS C,DEERE K,et al.,2007. Objective measurement of levels and patterns of physical activity[J]. Archives of Disease in Childhood,92(11):963-969.

SAELENS B E,HANDY S L,2008. Built environment correlates of walking:a review [J]. Medicine and Science in Sports and Exercise,40(7):550-566.

SAELENS B E,SALLIS J F,FRANK L D,2003. Environmental correlates of walking and cycling:findings from the transportation,urban design,and planning literatures[J]. Annals of Behavioral Medicine,25(2):80-91.

SALLIS J F,2000. Age-related decline in physical activity:a synthesis of human and animal studies[J]. Medicine & Science in Sports & Exercise,32(9):1598-1600.

SALLIS J F,BAUMAN A,PRATT M,1998. Environmental and policy interventions to promote physical activity[J]. American Journal of Preventive Medicine,15(4):379-397.

SALLIS J F,PATTERSON T L,BUONO M J,et al.,1988. Relation of cardiovascular fitness and physical activity to cardiovascular disease risk factors in children and adults[J].

American Journal of Epidemiology,127(5):933-941.

SALLIS J F,HASKELL W L,WOOD P D,et al.,1985. Physical activity assessment methodology in the Five-City Project[J]. American Journal of Epidemiology,121(1):91-106.

SARIS W H,BLAIR S N,VAN BAAK M A,et al.,2003. How much physical activity is enough to prevent unhealthy weight gain? Outcome of the IASO 1st stock conference and consensus statement[J]. Obesity Reviews,4(2):101-114.

SARIS W H,1986. Habitual physical activity in children:methodology and findings in health and disease[J]. Medicine and Science in Sports and Exercise,18(3):253-263.

SCHUBERT A,2002. The Web of Scientometrics:a statistical overview of the frist 50 volumes of the journal[J]. Scientometrics(53):3-20.

SCHUCH F B,VANCAMPFORT D,RICHARDS J,et al.,2016. Exercise as a treatment for depression:a meta-analysis adjusting for publication bias[J]. Journal of Psychiatric Research,77(2):42-51.

SESSO H D,LEE I M,PAFFENBARGER R S,1998. Physical activity and breast cancer risk in the College Alumni Health Study (United States)[J]. Cancer Causes & Control,9(2):433-439.

SISCOVICK,DAVID S,RONALD E,et al.,1985. The disease-specific benefits and risks of physical activity and exercise[J]. Public health reports,100(2):180-188.

SMALL H,1999. Visualizing science by citation mapping[J]. Journal of the American society for Information Science,50(9):799-813.

SMALL H,GRIFFITH B C,1974. The structure of scientific literatures I:Identifying and graphing specialties[J]. Science Studies,4(1):17-40.

SMALL H,1973. Co-citation in the scientific literature:a new measure of the relationship between two documents[J]. Journal of the American Society for information Science,24(4):28-31.

SMITH E L,GILLIGAN C,MCADAM M,et al.,1989. Deterring bone loss by exercise intervention in premenopausal and postmenopausal women[J]. Calcified Tissue International,44(3):312-321.

STRONG W B,MALINA R M,BLIMKIE C J R,et al.,2005. Evidence based physical activity for school-age youth[J]. The Journal of Pediatrics,146(6):732-737.

TREMBLAY M S,CARSON V,CHAPUT J P,et al.,2016. Canadian 24 hour movement guidelines for children and youth:an integration of physical activity,sedentary behaviour,and sleep[J]. Applied Physiology,Nutrition and Metabolism,41(6):311-327.

TROIANO R P,BERRIGAN D,DODD K W,et al.,2008. Physical activity in the United States measured by accelerometer[J]. Medicine and Science in Sports and Exercise,40(1):181.

TROIANO R P,FLEGAL K M,KUCZMARSKI R J,et al.,1995. Overweight prevalence and trends for children and adolescents:the national health and nutrition examination surveys,

1963 to 1991[J]. Archives of Pediatrics & Adolescent Medicine,149(10):1085-1091.

TROST S G,LOPRINZI P D,MOORE R,et al.,2011. Comparison of accelerometer cut points for predicting activity intensity in youth[J]. Medicine & Science in Sports & Exercise,43(7):1360-1368.

TROST S G,PATE R R,SALLIS J F,et al.,2002. Age and gender differences in objectively measured physical activity in youth[J]. Medicine & Science in Sports & Exercise,34(2):350-355.

VERLOOP J,ROOKUS M A,VAN DER KOOY K,et al.,2000. Physical activity and breast cancer risk in women aged 20~54 years[J]. Journal of the National Cancer Institute, 92(2):128-135.

WARBURTON D E R,KATZMARZYK P T,RHODES R E,et al.,2007. Evidence-informed physical activity guidelines for Canadian adults[J]. Applied Physiology,Nutrition and Metabolism,32(2):16-68.

WELK G J,CORBIN C B,1995. The validity of the Tritrac-R3D activity monitor for the assessment of physical activity in children[J]. Research Quarterly for Exercise and Sport,6(3):202-209.

WENDEL-VOS W,DROOMERS M,KREMERS S,et al.,2007. Potential environmental determinants of physical activity in adults:a systematic review[J]. Obesity reviews,8(5):425-440.

WESTERTERP K R,MEIJER G A L,KESTER A D M,et al.,1992. Fat-free mass as a function of fat mass and habitual activity level[J]. International Journal of Sports Medicine, 13(2):163-166.

WHITE H D,GRIFFITH B C,1981. Author cocitation:a literature measure of intellectual structure[J]. Journal of the American Society for Information Science,32(3):163-171.

WHITE H D,MCCAIN K W,1998. Visualizing a discipline:an author co-citation analysis of information science,1972—1995[J]. Journal of the American Society for Information Science,49(4):327-355.

WILMOT E G,EDWARDSON C L,ACHANA F A,et al.,2012. Sedentary time in adults and the association with diabetes,cardiovascular disease and death:systematic review and meta-analysis[J]. Diabetologia,55(11):2895-2905.

WOOD P D,HASKELL W L,1979. The effect of exercise on plasma high density lipoproteins[J]. Lipids,14(4):417-427.

YOUNG D R,MILLER K W,WILDER L B,et al.,1998. Physical activity patterns of urban African Americans[J]. Journal of Community Health,23(2):99-112.

ZAKARIAN J M,HOVELL M F,HOFSTETTER C R,et al.,1994. Correlates of vigorous exercise in a predominantly low SES and minority high school population[J]. Preventive Medicine,23(3):314-321.